Jo-Jo

Fibel

Arbeitsheft mit interaktiven Übungen
Druckschrift

erarbeitet von Nicole Namour

Fachliche Beratung
zur Silbenstrategie, zum Verlängern,
zum Ableiten und zu Merkwörtern
Günter J. Renk

 Deine **interaktiven Übungen** findest du hier:

1. Gib den unten stehenden Zugangscode in die Box ein.
2. Hab viel Spaß mit deinen interaktiven Übungen.

vdv6-v5-ygqb
Dein Zugangscode auf
go.cornelsen.de

Die Nutzungsdauer für die Online-Übungen
beträgt nach Aktivierung des Zugangscodes
zwei Jahre. In dieser Zeit speichern wir deine
Lernstandsdaten für dich; nach Ablauf der
Nutzungsdauer werden sie gelöscht.

Cornelsen

Fibel
Arbeitsheft mit interaktiven Übungen
Druckschrift

Erarbeitet von	Nicole Namour
Fachliche Beratung zur Silbenstrategie	Günter J. Renk
Unter Beratung von	Alexandra Mangold, Merdingen
	Sandra Meeh, Öschelbronn
	Anja Tiedje, Calw
Redaktion	Dr. Monika Gade, Nicole Namour
Illustrationen	Barbara Jung, Maria Aurelio, Thorsten Saleina
Umschlagillustration	Barbara Jung
Gesamtgestaltung	Heike Börner
Layout und technische Umsetzung	Lisa Neuhalfen

Bildquellen:
Cover: Heike Börner, Berlin (Holzstruktur)
82/1 Fotolia/lochstampfer (Ochsenauge)   /2 Fotolia/scarlet61 (Käsepappel)
/3 ClipDealer/Achim Prill (Wiesenknopf)

www.cornelsen.de

1. Auflage, 10. Druck 2025

© 2016 Cornelsen Schulverlage GmbH, Berlin
© 2016 Cornelsen Verlag GmbH, Mecklenburgische Str. 53, 14197 Berlin,
E-Mail: service@cornelsen.de

Druck: AZ Druck und Datentechnik GmbH, Kempten

ISBN 978-3-06-082095-5

PEFC-zertifiziert
Dieses Produkt
stammt aus
nachhaltig
bewirtschafteten
Wäldern und
kontrollierten Quellen
PEFC/04-31-2260   www.pefc.de

1

N i n a

N i n o

2

N i n

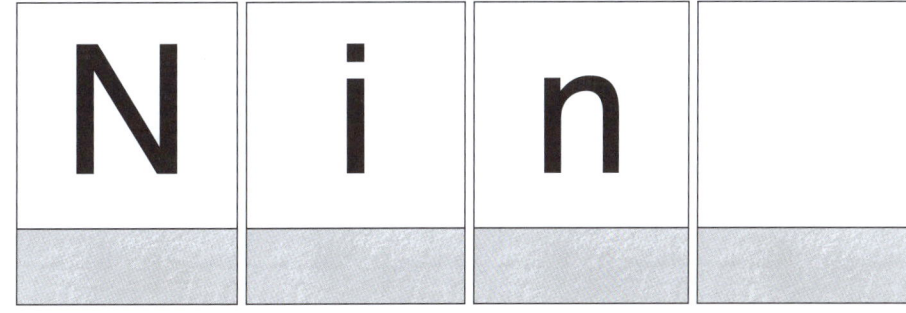

N i n

FS 2/3: 1. ▪ Anlautbilder und Buchstaben einander zuordnen; Kindernamen mit Hilfe der Anlautbilder erlesen; Unterschiede am Wortende herausarbeiten; Namen silbierend sprechen
2. ▪ Lückenwörter erlesen, den fehlenden Laut/Buchstaben ergänzen; mit den Buchstabenkärtchen (Beilage) die Namen mehrfach auf- und abbauen; passenden Buchstaben am Wortende auflegen und -kleben

3

1

N n

I i

A a

O o

i	a	N	n	o

2

 i n N a

 i n N o

 i n a

  i n o

3

 i n N a

 i n N o

  N n a

  N n o

FS 2/3: 1. ▪ Buchstabenbilder mit den passenden Buchstabenkärtchen verbinden
2. ▪ Lückenwörter erlesen/sprechen; Anfangslaut/-buchstaben ermitteln; Anfangsbuchstaben aus den Auswahlbuchstaben auswählen und mit der Lücke verbinden
3. ▪ wie 2.: hier den zweiten Laut/Buchstaben ermitteln und mit der Lücke verbinden

1

2

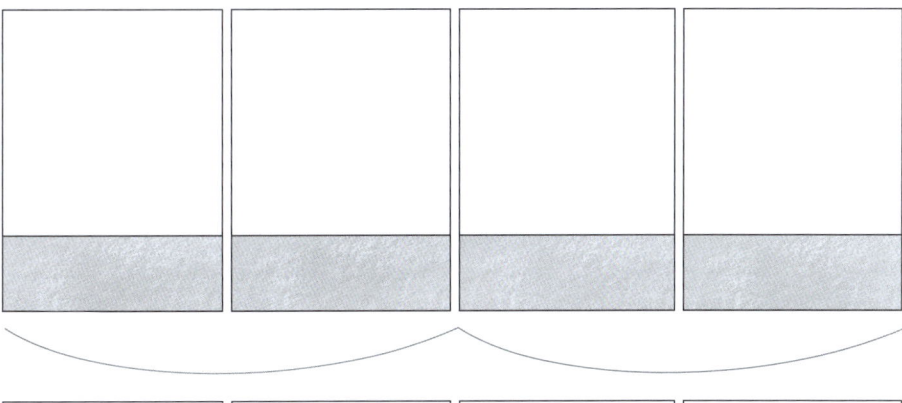

FS 2/3: 1. ▪ Lückenwörter erlesen/sprechen; dritten Laut/Buchstaben ermitteln; passende Buchstaben aus der Auswahl bestimmen und mit der Lücke verbinden
2. ▪ Kindernamen komplett analysieren und synthetisieren; Namen mit den Buchstabenkärtchen mehrfach auf- und abbauen; legen, kontrollieren und aufkleben

Nina **Nino**

1

 Ni — na    Ni — no

na   na

Ni   ni   Ni   ni

no   no

2

N n   i   a   o

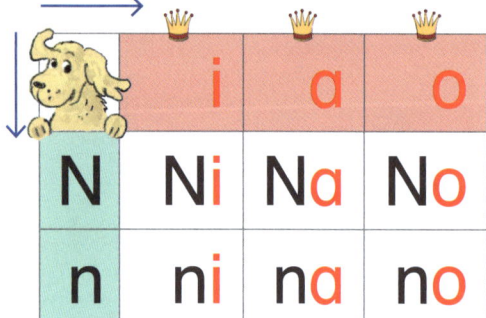

N   Ni Na No

n   ni na no

3

 Nina    Nina    Nino

6

FS 3: 1. ◼ Einführung „Sprechschwingen": Kindernamen sprechen und dabei die Silben schwingen; Silben nochmals einzeln erlesen; zu den Abbildungen passende Silben miteinander verbinden   2. ◼ Einführung „Silbenteppiche": Lesart gemeinsam besprechen; Einführung „Silbenkönige" (auf dem roten Tuch der Anlauttabelle); Partnerarbeit: Einzelsilben abwechselnd erlesen; kontrollieren
3. DIFF: ◼ Namen erlesen; Silben schwingen; Konsonanten (schwarz), Vokale/Silbenkönige (rot) nachspuren; Silbenbögen setzen

1

7

2

3

D i n o

FS 6/7: 1. ▣ Begriffe sprechen; Begriffe einkreisen oder anmalen, in denen der N/n-Laut zu hören ist (7×)
2. ▣ Begriffe sprechschwingen; Silbenbögen darunter setzen
3. DIFF: ▣ Begriff „Dino" Laut für Laut erlesen; nachspuren   ▣ Begriff „Nase" lautieren und mit Hilfe der Lauttabelle verschriften

7

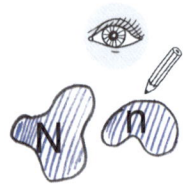

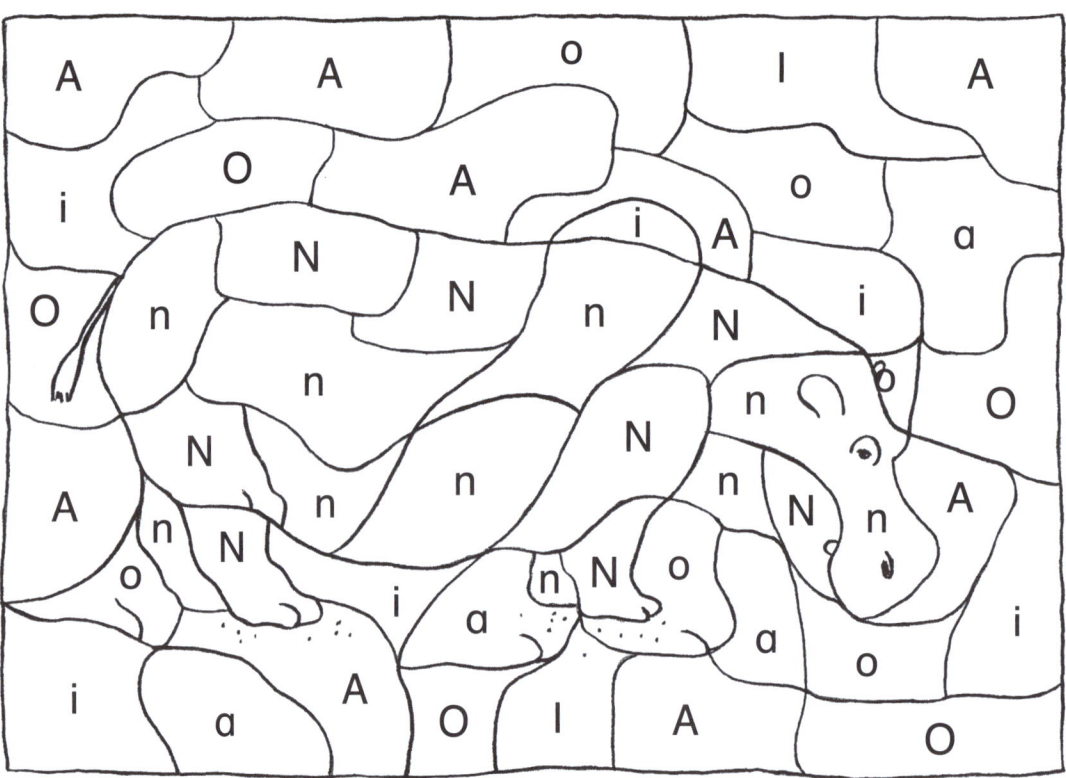

3

Ni	Nino	Ninano	Ninona
Na	Nani	Nanoni	Nanino
No	Nona	Nonina	Nonani

© 2016 Cornelsen Schulverlage GmbH, Berlin

FS 6/7: 1. ▪ alle Felder mit N oder n dunkelblau ausmalen (Lösungsbild: Nilpferd) 2. ▪ Partnerarbeit: Silben analysieren und synthetisieren: Einzellaute /N/ und /i/ sprechen; Einzellaute zu Anfangssilbe Ni zusammenziehen; ggf. mit Buchstabenkärtchen auf- und abbauen DIFF: ▪ Übung mit den Endsilben -na und -no zusätzlich durchführen und vollständige Namen lautieren 3. Partnerarbeit: DIFF: ▪ Einzelsilben und Zweisilber mehrfach im Wechsel erlesen ▪ dreisilbige „Tukataka-Wörter" im Wechsel erlesen (waagerecht/senkrecht und schneller werdend)

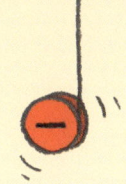

1

8

2

3

Ina

FS 8/9: 1. ◼ Begriffe sprechen; Begriffe einkreisen oder anmalen, in denen der lange I/i-Laut zu hören ist (8×)
2. ◼ Begriffe sprechschwingen; Silbenbögen darunter setzen
3. DIFF: ◼ Namen „Ina" Laut für Laut erlesen; nachspuren ◼ Namen „Lisa" lautieren und mit Hilfe der Lauttabelle verschriften

9

 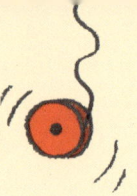

1

7

2

3

 Pinsel

 Insel

 Kiste

FS 8/9: 1. ▪ Begriffe sprechen; Begriffe einkreisen oder anmalen, in denen der kurze I/i-Laut zu hören ist (7×)
2. ▪ Begriffe sprechschwingen; Silbenbögen darunter setzen
3. DIFF: ▪ Einkreisen oder Nachspuren von I/i ▪ Nachspuren des gesamten Wortes ▪ Wörter erlesen und den Abbildungen zuordnen
▪ Silbenkönige markieren und Silbenbögen setzen

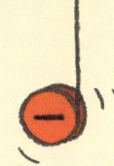

1

8

2

3

A l i

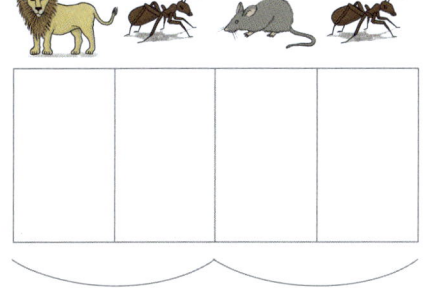

© 2016 Cornelsen Schulverlage GmbH, Berlin

FS 10/11: 1. ■ Begriffe sprechen; Begriffe einkreisen oder anmalen, in denen der lange A/a-Laut zu hören ist (8×)
2. ■ Begriffe sprechschwingen; Silbenbögen darunter setzen
3. DIFF: ■ Namen „Ali" Laut für Laut erlesen; nachspuren   ■ Begriff „Lama" lautieren und mit Hilfe der Lauttabelle verschriften

11

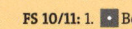
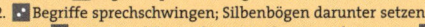

 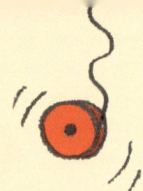

1

7

2

3

Palme Ampel Lampe

© 2016 Cornelsen Schulverlage GmbH, Berlin

FS 10/11: 1. ■ Begriffe sprechen; Begriffe einkreisen oder anmalen, in denen der kurze A/a-Laut zu hören ist (7×)
2. ■ Begriffe sprechschwingen; Silbenbögen darunter setzen
3. DIFF: ■ Einkreisen oder Nachspuren von A/a   ■ Nachspuren des gesamten Wortes
■ Wörter erlesen und den Abbildungen zuordnen   ■ Silbenkönige markieren und Silbenbögen setzen

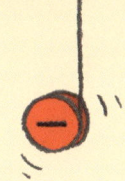

1

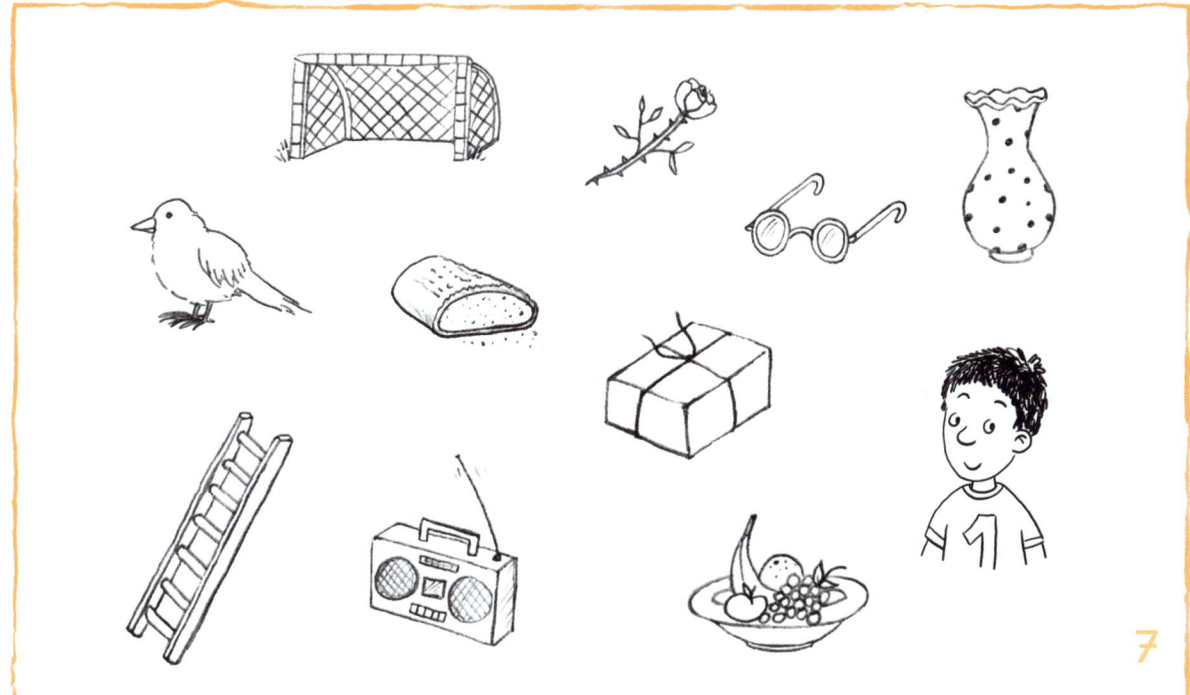

7

2

3

　→　| O | m | a |

　→　| | | |

FS 12/13: 1. ◼ Begriffe sprechen; Begriffe einkreisen oder anmalen, in denen der lange O/o-Laut zu hören ist (7×)
2. ◼ Begriffe sprechschwingen; Silbenbögen darunter setzen
3. DIFF: ◼ Namen „Oma" Laut für Laut erlesen; nachspuren　◼ Namen „Jojo" lautieren und mit Hilfe der Lauttabelle verschriften

13

1

9

2

3

Sonne · Wolke · Tonne

FS 12/13: 1. ◼ Begriffe sprechen; Begriffe einkreisen oder anmalen, in denen der kurze O/o-Laut zu hören ist (9 ×)
2. ◼ Begriffe sprechschwingen; Silbenbögen darunter setzen
3. DIFF: ◼ Einkreisen oder Nachspuren von O/o ◼ Nachspuren des gesamten Wortes
◼ Wörter erlesen und den Abbildungen zuordnen ◼ Silbenkönige markieren und Silbenbögen setzen

1

9

2

3

Tomate   Tapete   Hut

FS 14/15: 1. ■ Begriffe sprechen; Begriffe einkreisen oder anmalen, in denen der T/t-Laut zu hören ist (9 ×)
2. ■ Begriffe sprechschwingen; Silbenbögen darunter setzen
3. DIFF: ■ Einkreisen oder Nachspuren von T/t ■ Nachspuren des gesamten Wortes ■ Wörter erlesen und den Abbildungen
zuordnen ■ Silbenkönige markieren und Silbenbögen setzen

15

1

Toni   Jojo   Anita   Nina

2

○ Toni in Not

○ Anton in Not

○ Anita in Not

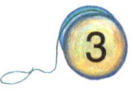

3

	o	a	i
T	To	Ta	Ti
t	to	ta	ti

Tino	Tinato
Tati	Tanita
Tona	Totina

FS 14/15: 1. ◼ Namen erlesen, sprechschwingen und mit den passenden Abbildungen verbinden
2. ◼ Einführung „Auswahlsätze ankreuzen": Wortgruppen erlesen und zum Bild passende ankreuzen   DIFF: ◼ richtige Wortgruppe
in die Zeile abschreiben und kontrollieren   3. DIFF: ◼ Einzelsilben mehrfach laut lesen (waagerecht/senkrecht)
◼ zwei- und dreisilbige „Tukataka-Wörter" mehrfach erlesen (waagerecht/senkrecht und schneller werdend)

1

7

2

3

A r m

FS 16/17: 1. ▪ Begriffe sprechen; Begriffe einkreisen oder anmalen, in denen der M/m-Laut zu hören ist (7×)
2. ▪ Begriffe sprechschwingen; Silbenbögen darunter setzen
3. DIFF: ▪ Begriff „Arm" Laut für Laut erlesen; nachspuren   ▪ Begriff „Dame" lautieren und mit Hilfe der Lauttabelle verschriften

1

2

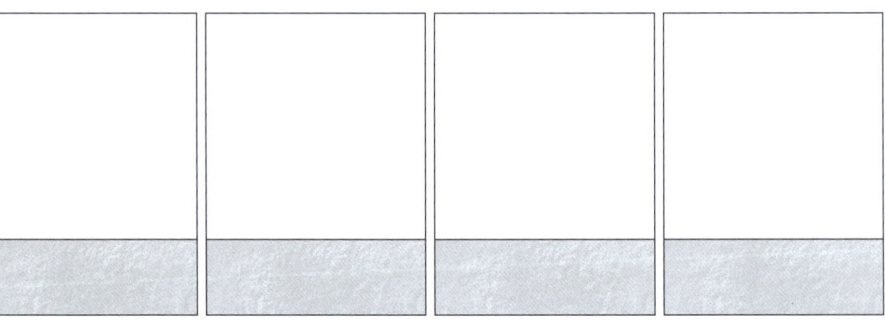

3

	i	o	a
M	M**i**	M**o**	M**a**
m	m**i**	m**o**	m**a**

Manotiman

Minatomin

Monitamon

FS 16/17: 1. ◼ Partnerarbeit: Einzelsilben der Begriffe „Oma" und „Mama" analysieren und synthetisieren: Einzellaute sprechen; Einzellaute zu Silben zusammenziehen; Silben zu Wörtern zusammenziehen   2. ◼ Namen „Oma" und „Mama" mehrfach mit den Buchstabenkärtchen auf- und abbauen; legen, kontrollieren und aufkleben   3. DIFF: ◼ Einzelsilben mehrfach laut lesen (waagerecht/senkrecht)
◼ viersilbige „Tukataka-Wörter" mehrfach erlesen (schneller werdend)

1

| am | im | mit | am |

2

○ Mama am

○ Mama im

○ Oma mit Nina

○ Mama mit Nina

3

| Lama | Lampe | Maus |

© 2016 Cornelsen Schulverlage GmbH, Berlin

FS 16/17: 1. ▪ Partnerarbeit: Präpositionen erlesen, Bilder beschreiben; Wörter mit den passenden Bildern verbinden;
2. ▪ Auswahl-Wortgruppe erlesen; jeweils zum Bild passende Wortgruppe ankreuzen;
3. DIFF: ▪ Einkreisen oder Nachspuren von M/m ▪ Nachspuren des gesamten Wortes ▪ Wörter erlesen und den Abbildungen
zuordnen ▪ Silbenkönige markieren und Silbenbögen setzen

19

1

8

2

	✗														

3

	a	i	o
L	La	Li	Lo
M	Ma	Mi	Mo
T	Ta	Ti	To
N	Na	Ni	No

Latimlotanlinami

Matomlinantalomi

Tamolnilantolama

Nalinmotinlamito

FS 20/21: 1. ▣ Begriffe sprechen; Begriffe einkreisen oder anmalen, in denen der L/l-Laut zu hören ist (8×)
2. ▣ Einführung „Stellungslaute": ankreuzen, ob der L/l-Laut am Wortanfang, im Wortinnern oder am Wortende zu hören ist
DIFF: ▣ den Buchstaben ins passende Feld schreiben 3. DIFF: ▣ Partnerarbeit: Einzelsilben mehrfach im Wechsel
laut lesen (waagerecht/senkrecht) ▣ lange „Tukataka-Wörter" mehrfach im Wechsel erlesen (schneller werdend)

1  → **a** → **i** → **o**

Mama mit Lama Lola

Nina mit Lama Lola

2

○ Ali malt Lama Lola.

○ Nina malt Lama Lola.

○ Ali malt Nina lila an.

○ Ali malt mit Nino.

3

Salat   Ampel   Lama

FS 20/21: 1. ■ Wortgruppen erlesen und sprechschwingen; Silbenbögen nachspuren bzw. setzen; Silbenkönige benennen und rot nachspuren; ggf. Wörter mit Buchstabenkärtchen auf- und abbauen   2. ■ Auswahlsätze erlesen; jeweils zum Bild passenden Satz ankreuzen   3. DIFF: ■ Einkreisen oder Nachspuren von L/l   ■ Nachspuren des gesamten Wortes   ■ Wörter erlesen und den Abbildungen zuordnen   ■ Silbenkönige markieren und Silbenbögen setzen

21

1

9

2

3

Lisa   Salami   Salat

FS 22/23: 1. ☀ Begriffe sprechen; Begriffe einkreisen oder anmalen, in denen der stimmhafte S/s-Laut zu hören ist (9×)
2. ☀ ankreuzen, ob der S/s-Laut am Wortanfang, im Wortinnern oder am Wortende zu hören ist   DIFF: ☀ den Buchstaben ins
passende Feld schreiben   3. DIFF (Buchstaben hier alle bekannt!): ☀ Einkreisen oder Nachspuren von S/s   ☀ Nachspuren des gesamten
Wortes   ☀ Wörter erlesen und den Abbildungen zuordnen   ☀ Silbenkönige markieren und Silbenbögen setzen

1

6

2

3

Ast   Mast   Mist   Nils

Ast

FS 22/23: 1. ■ Begriffe sprechen; Begriffe einkreisen oder anmalen, in denen der stimmlose S/s-Laut zu hören ist (6 ×)
2. ■ ankreuzen, ob der S/s-Laut am Wortanfang, im Wortinnern oder am Wortende zu hören ist   DIFF: ■ den Buchstaben
ins passende Feld schreiben   3. ■ Begriffe zu den Abbildungen erlesen; s optisch analysieren und grün markieren
DIFF: ■ Begriff „Ast" nachspuren; restliche Wörter abschreiben (kontrollieren)

23

1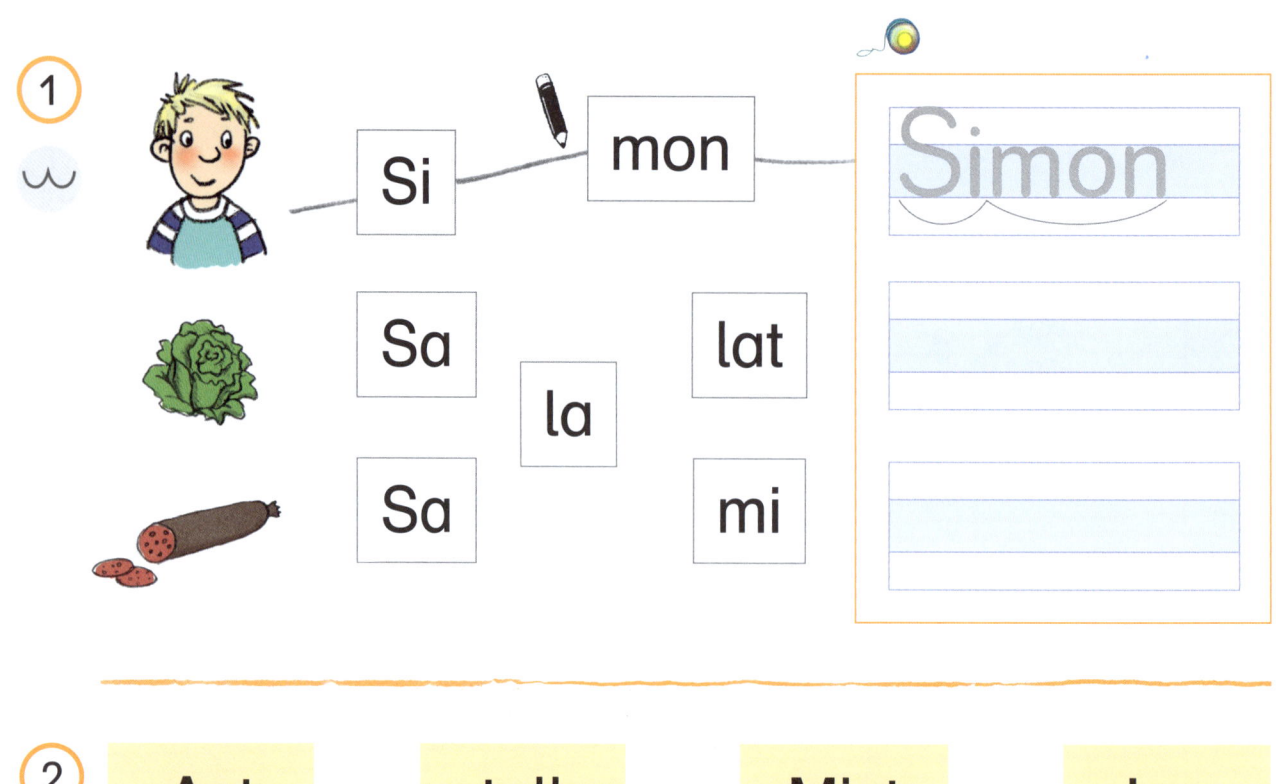

Si — mon — **Simon**

Sa — la — lat

Sa — la — mi

2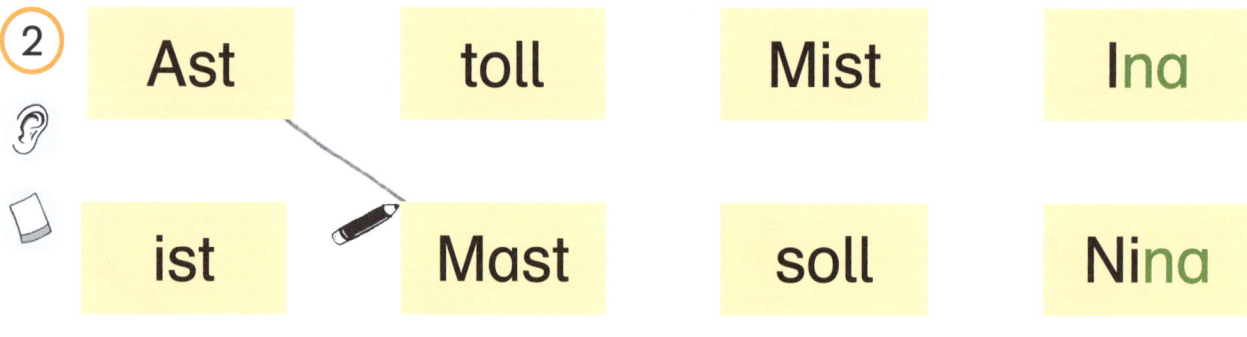

Ast	toll	Mist	Ina
ist	Mast	soll	Nina

3

○ Im Salat ist Mist.

○ Im Salat ist Salami.

○ Salami ist am Ast.

Na, toll!

4

Ist Simon am Mast?

Simon

FS 22/23: 1. Begriffe sprechschwingen; Abbildungen mit der passenden Silbenfolge verbinden   DIFF: vollständige Wörter schreiben; Silbenbögen setzen   2. Wörter erlesen, abhören; Reimwörter miteinander verbinden; Wörter ggf. mit Buchstabenkärtchen legen und Einzelbuchstaben austauschen   3. Auswahlsätze erlesen; zum Bild passenden Satz ankreuzen   DIFF: Sprechblase erlesen
4. Frage erlesen; zur Abbildung passende Antwort verschriften (kontrollieren)

1

8

2

3

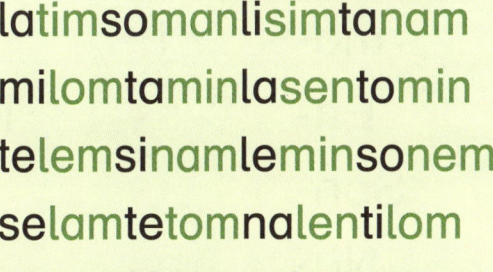

	e	o	i	a
l	le	lo	li	la
m	me	mo	mi	ma
t	te	to	ti	ta
s	se	so	si	sa
n	ne	no	ni	na

latimsomanlisimtanam
milomtaminlasentomin
telemsinamleminsonem
selamtetomnalentilom
netamlesimselomnetan

FS 26/27: 1. ▪ Begriffe sprechen; Begriffe einkreisen oder anmalen, in denen ein langer E/e-Laut zu hören ist (8×)
2. ▪ ankreuzen, ob der E/e-Laut am Wortanfang, im Wortinnern oder am Wortende zu hören ist   DIFF: ▪ den Buchstaben ins passende Feld schreiben   3. DIFF: ▪ Partnerarbeit: Einzelsilben mehrfach im Wechsel erlesen (waagerecht/senkrecht)
▪ „Tukataka-Wörter" mehrfach im Wechsel erlesen (schneller werdend)

25

E e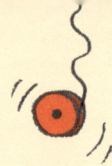

1

| Ente | Sonne | Nase | Mantel | Insel |

2

Male Salat an Ninos Nase.

Male Ninas Mantel lila.

Alle Enten essen Linsen.

3

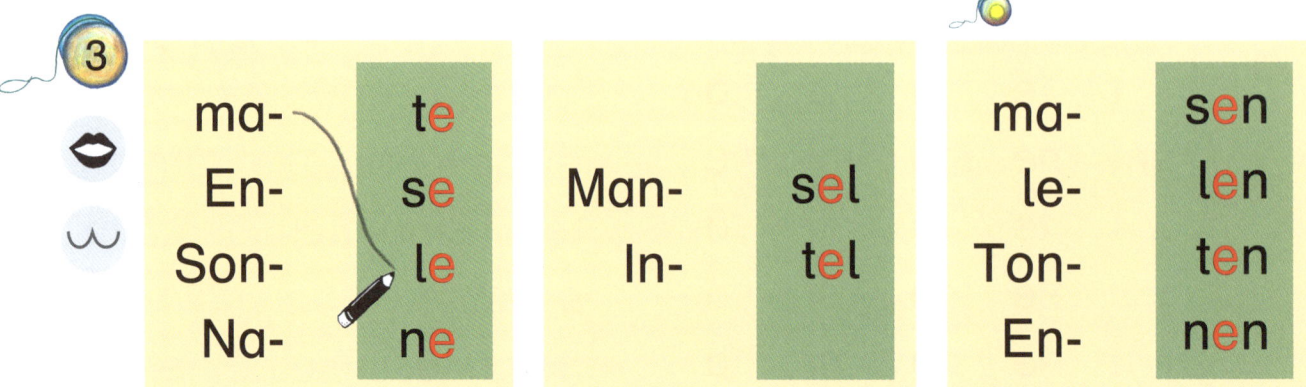

ma-   te
En-   se
Son-   le
Na-   ne

Man-   sel
In-   tel

ma-   sen
le-   len
Ton-   ten
En-   nen

© 2016 Cornelsen Schulverlage GmbH, Berlin

FS 26/27: 1. ◻ Begriffe sprechschwingen; Wörter erlesen und mit den passenden Abbildungen verbinden; ggf. Wörter mit Buchstabenkärtchen auf- und abbauen
2. ◻ Sätze erlesen und Abbildung nach Satzaussagen ergänzen   3. DIFF: ◻ Erlesen der Wörter und Endsilben der ersten beiden Felder; Verbinden der Wörter mit passenden Endsilben ◻ zusätzliche Bearbeitung des dritten Feldes

1

malen   lesen   essen   messen

2

| te | se | ne |

| sel | sel | tel |

Ente

Man

Son

In

Na

E

3

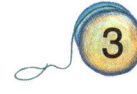

Alle Tanten malen _____ .

FS 26/27: 1. ▪ dargestellte Verben sprechschwingen; Wörter erlesen und mit den passenden Abbildungen verbinden; ggf. Wörter mit Buchstabenkärtchen auf- und abbauen 2. ▪ Endsilben mit kurzem e erlesen; abgebildete Begriffe nennen und sprechschwingen; Wörter nachspuren und mit passenden Endsilben vervollständigen; Silbenkönige dabei rot markieren! (eingesetzte Silben aus der Auswahl streichen) 3. DIFF: ▪ Lückensatz erlesen, nachspuren und frei ergänzen

1 See | Sonne | Tino | essen

Nino | Tee | messen | Tonne

2 Tonne | messen

S

3 ○ Nina ist im See.

○ Nina ist im Tee.

○ Tinte Lena ist nett.

○ Tante Lena ist nett.

○ Esel messen Salat.

○ Esel essen Salat.

Und der Jojo will in den Zoo!

4

FS 26/27: 1. ☐ Wörter erlesen, abhören; Reimwörter miteinander verbinden; Wörter ggf. mit Buchstabenkärtchen legen und Einzelbuchstaben austauschen 2. ☐ abgebildete Begriffe benennen und sprechschwingen; Wörter erlesen und nachspuren; farbig gekennzeichnete Buchstaben entsprechend der jeweils zweiten Abbildung austauschen; entstehende Reimwörter schreiben 3. ☐ Sätze paarweise erlesen; jeweils richtigen Satz ankreuzen 4. DIFF: ☐ freies Schreiben zur Abbildung

1

8

2

3

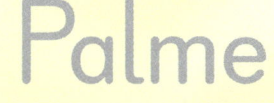 Palme

Ampel

 Papa

FS 28/29: 1. ▪ Begriffe sprechen; Begriffe einkreisen oder anmalen, in denen der P/p-Laut zu hören ist (8×)
2. ▪ ankreuzen, ob der P/p -Laut am Wortanfang, im Wortinnern oder am Wortende zu hören ist   DIFF: ▪ den Buchstaben ins
passende Feld schreiben   3. DIFF (Buchstaben hier alle bekannt!): ▪ Einkreisen oder Nachspuren von P/p   ▪ Nachspuren des
gesamten Wortes   ▪ Wörter erlesen und den Abbildungen zuordnen   ▪ Silbenkönige markieren und Silbenbögen setzen

29

1
- ○ Lampe
- ○ Ampel
- ○ Palme

- ○ Lippen
- ○ Mappen
- ○ Lappen

2
- ○ Im Sessel ist Papa.
- ○ Im Sessel ist Opa.

- ○ Paola malt Lampen.
- ○ Paola malt Polli.

3

	pe		se		me			nen		pen		pel

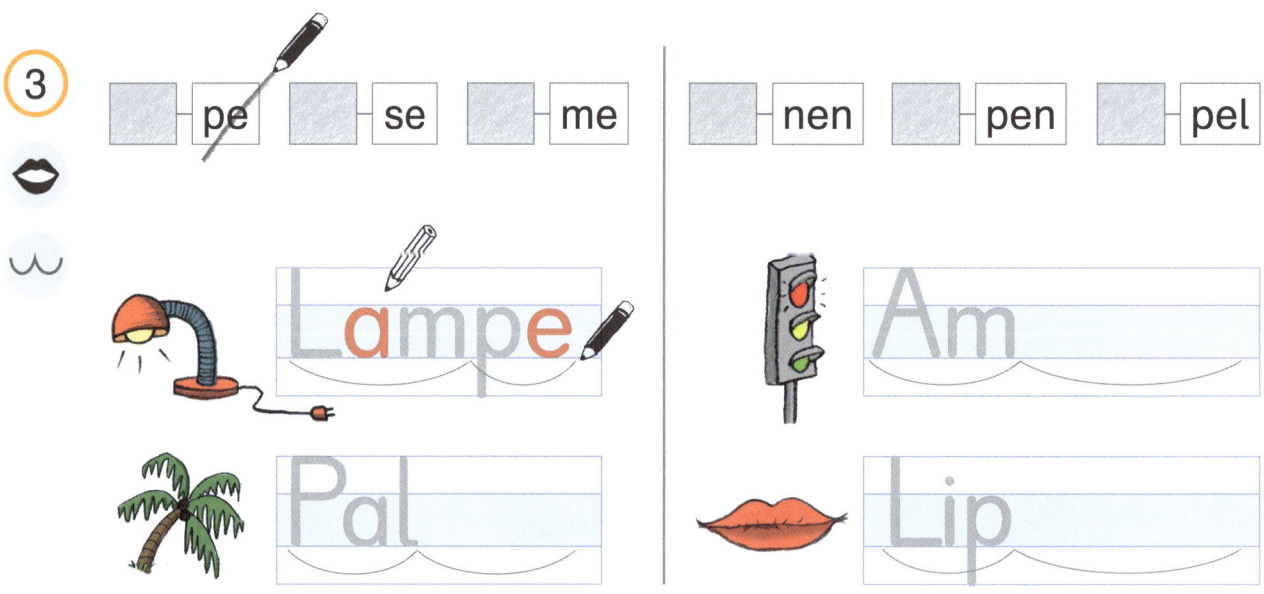

Lampe

Pal

Am

Lip

4

© 2016 Cornelsen Schulverlage GmbH, Berlin

FS 28/29: 1. ◼ Auswahlwörter erlesen; zum Bild passendes Wort ankreuzen
2. ◼ Auswahlsätze erlesen; zum Bild passenden Satz ankreuzen 3. ◼ Endsilben mit kurzem e erlesen; abgebildete Begriffe nennen und sprechschwingen; Wörter nachspuren und mit passenden Endsilben vervollständigen; Silbenkönige dabei rot markieren (eingesetzte Silben aus der Auswahl streichen) 4. DIFF: ◼ freies Schreiben zur Abbildung

1

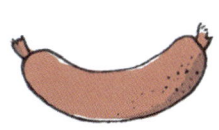
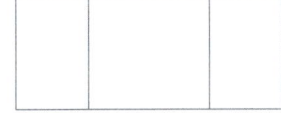

7

2

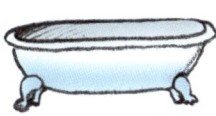

3

Wolle   Wanne   Wal

© 2016 Cornelsen Schulverlage GmbH, Berlin

FS 30/31: 1. ☐ Begriffe sprechen; Begriffe einkreisen oder anmalen, in denen der W/w-Laut zu hören ist (7×)
2. ☐ ankreuzen, ob der W/w-Laut am Wortanfang, im Wortinnern oder am Wortende zu hören ist   DIFF: ☐ den Buchstaben ins
passende Feld schreiben   3. DIFF (Buchstaben hier alle bekannt!): ☐ Einkreisen oder Nachspuren von W/w   ☐ Nachspuren des
gesamten Wortes   ☐ Wörter erlesen und den Abbildungen zuordnen   ☐ Silbenkönige markieren und Silbenbögen setzen

1 wollen   wissen   sollen

wollen   wis   sol

2

Male, was Polli will.

Male, womit Nino isst.

Male etwas in Papas Tasse.

3

 Welle    Tanne

 W

4

FS 30/31: 1. ■ Verben erlesen und mehrfach sprechschwingen; darunter die erste Silbe nachspuren, Endsilbe ergänzen, Silbenkönige rot markieren und Silbenbögen setzen 2. ■ Sätze erlesen und Abbildung nach Satzaussagen ergänzen 3. ■ Wörter erlesen und nachspuren; rot markierte Silbenkönige entsprechend der zweiten Abbildung austauschen, entstehende Wörter schreiben 4. DIFF: ■ freies Schreiben zur Abbildung

R r

1

8

2

3

| Maler | Pirat | Ritter | Rose |

FS 34/35: 1. ▪ Begriffe sprechen; Begriffe einkreisen oder anmalen, in denen der R/r-Laut zu hören ist (8×)
2. ▪ ankreuzen, ob der R/r -Laut am Wortanfang, im Wortinnern oder am Wortende zu hören ist   DIFF: ▪ den Buchstaben ins passende Feld schreiben   3. DIFF (Buchstaben hier alle bekannt!): ▪ Einkreisen oder Nachspuren von R/r   ▪ Nachspuren des gesamten Wortes   ▪ Wörter erlesen und den Abbildungen zuordnen   ▪ Silbenkönige markieren und Silbenbögen setzen

33

1

○ Ritter lernen am Tor.

○ Piraten raten am Tor.

○ Piraten warten am Tor.

○ Piratin Maria will Rosen.

○ Piratin Maria will Perlen.

○ Piratin Maria will Teller.

2

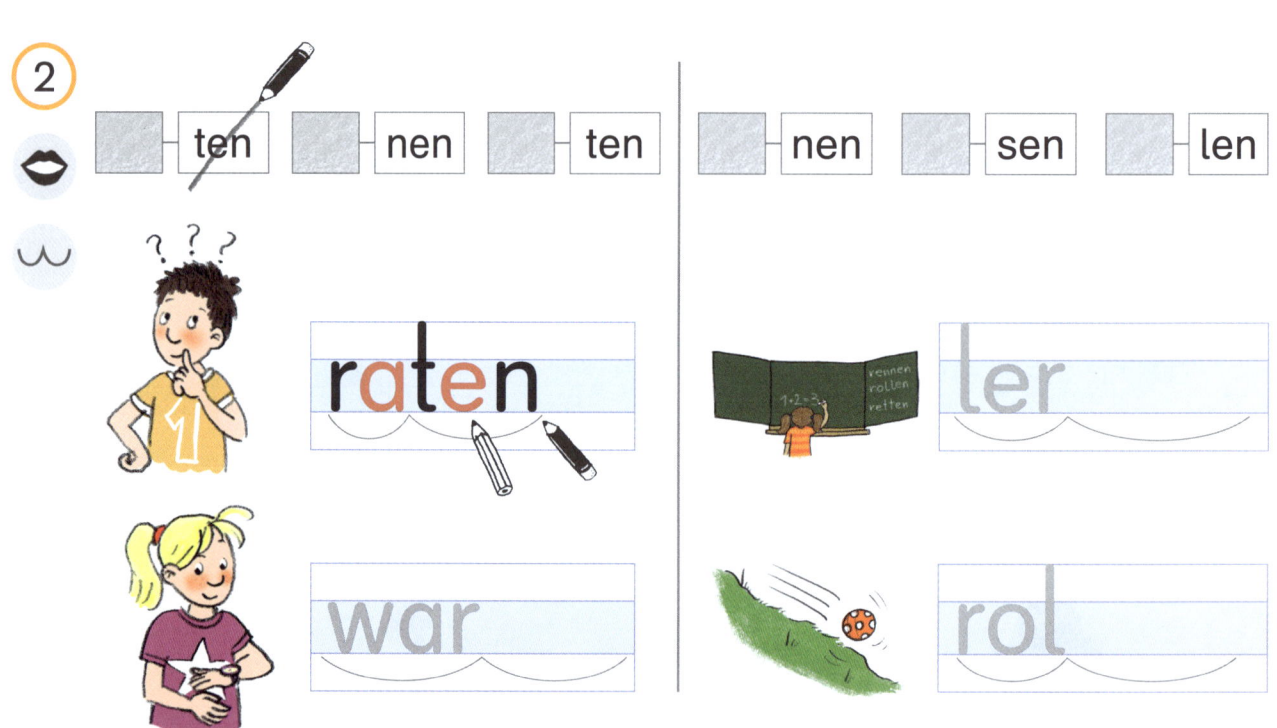

| ~~ten~~ | nen | ten | | nen | sen | len |

raten

war

ler

rol

3

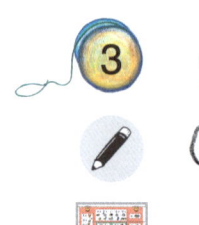

Wer ist das?

FS 34/35: 1. ◆ Auswahlsätze erlesen; zum Bild passende Sätze ankreuzen
2. ◆ Endsilben mit kurzem e erlesen; abgebildete Begriffe nennen und sprechschwingen; Wörter nachspuren und mit passenden
Endsilben vervollständigen; Silbenkönige dabei rot markieren (eingesetzte Silben aus der Auswahl streichen)
3. DIFF: ◆ Bild betrachten, Frage erlesen und schriftlich beantworten (Antwort: siehe Aufgabe 1)

© 2016 Cornelsen Schulverlage GmbH, Berlin

1

Ritter Rolo wartet am Tor.

Male Ritter Rolo mit

roten Rosen im Arm.

Pirat Willi will etwas essen.

Male Willis roten Teller.

2

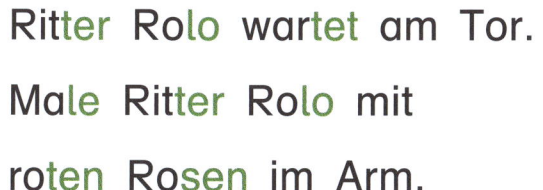

| ☐–ler | ☐–ter | ☐–ler | ☐–ler | ☐–ser | ☐–ter |

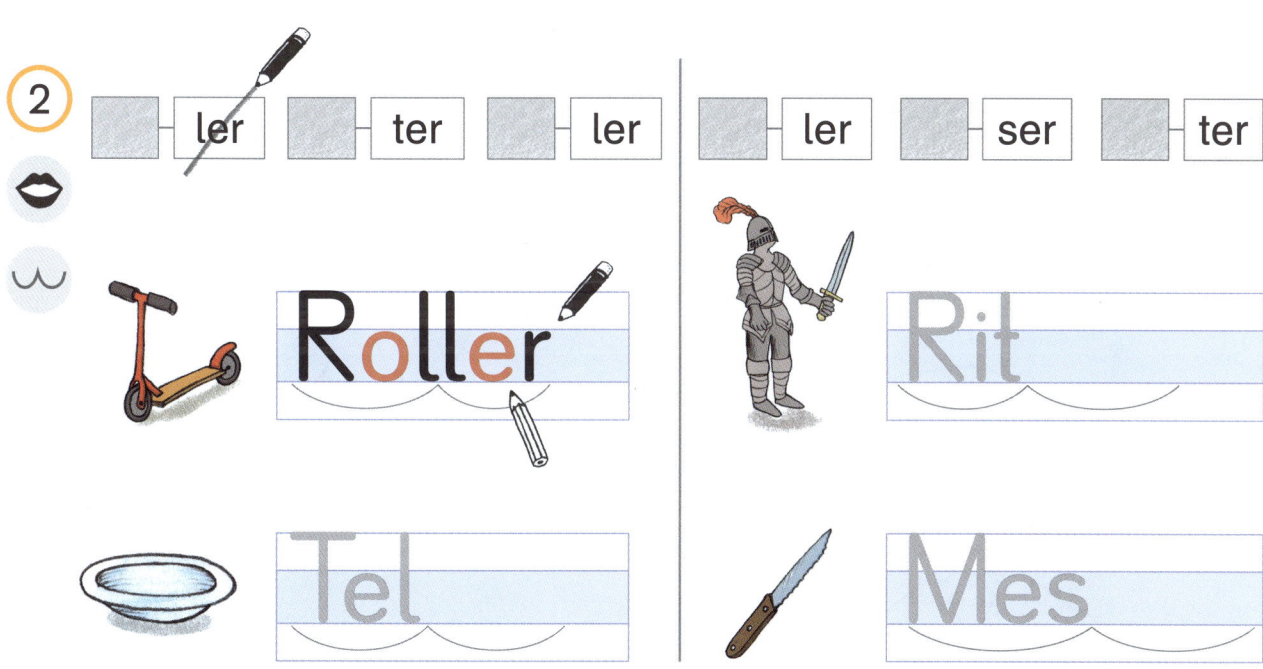

Roller

Rit

Tel

Mes

3

 Wen findest du toll?

 Super-Mario – das Sams – Monster-Mia – oder …?

 Schreibe etwas dazu in dein Heft.

FS 34/35: 1. ◼ Sätze erlesen und Abbildungen jeweils nach Satzaussagen ergänzen
2. ◼ Endsilben mit kurzem e erlesen; abgebildete Begriffe nennen und sprechschwingen; Wörter nachspuren und mit passenden
Endsilben vervollständigen – Silbenkönige dabei rot markieren (eingesetzte Silben aus der Auswahl oben streichen)
3. DIFF: ◼ Frage erlesen und in gesondertem Heft schriftlich beantworten

35

Ei ei

1

2

3 Male immer ein Ei.

Iiii! Pirat Willi isst ein Eis

mit einem Ei.

An Willis Eis ist eine Ameise.

Ritter Rolo ist

ein toller Reiter.

Er nimmt eine Leiter.

FS 36/37: 1. ▪ Begriffe benennen und jeweils ankreuzen, wenn der Ei/ei-Laut im Begriff zu hören ist
2. ▪ ankreuzen, ob der Ei/ei-Laut am Wortanfang, im Wortinnern oder am Wortende zu hören ist
DIFF: ▪ den Buchstaben ins passende Feld schreiben
3. ▪ alle Ei und ei farbig markieren; Sätze erlesen und Abbildungen jeweils nach Satzaussagen ergänzen

1

ein   ein   ein   eine   eine   eine

ein   Reiter

Perle

Rose

Eis

Eimer

Leiter

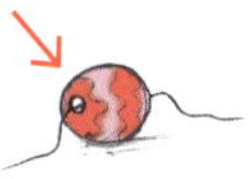

2

e   Ei
m
r

Ei

e
ei   L   r
t

ei
l   S

r
ei   R
t   e

Tolle Ritter-Namen

3

Ritter
Jojo Rost-Eimer ist
der schönste Ritter.

Ritter Eisen-_____

Ritter Rosen-_____

FS 36/37: 1. ◼ Wort erlesen, passenden unbestimmten Artikel auswählen vor den Begriff schreiben und aus der Auswahl streichen; Begriff nachspuren; Abbildung aus der Auswahl streichen   2. ◼ Begriffe sprechschwingen, Einzellaute analysieren und Wörter schreiben; benutzte Buchstaben nach und nach aus der Auswahl streichen
3. DIFF: ◆ Lesen der Sprechblase; Erfinden von Ritternamen durch freies Ergänzen der Teilnamen; Silbenbögen setzen

37

D d

1

2

3

○ Der Dino ist in der Erde.

○ Der Dino ist in einer Dose.

○ Der Dino ist in der Wanne.

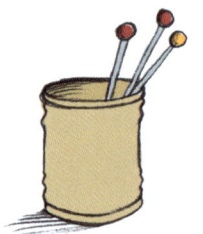

○ An der Dose ist eine Nadel.

○ In der Dose sind Nadeln.

○ In der Dose sind Mandarinen.

○ Der Mann redet mit Dino Dodo.

○ Der Mann redet mit einer Dame.

○ Der Mann redet mit dem Radio.

© 2016 Cornelsen Schulverlage GmbH, Berlin

FS 38/39: 1. ■ Begriffe benennen und jeweils ankreuzen, wenn der D/d-Laut im Begriff zu hören ist
2. ■ ankreuzen, ob der D/d -Laut am Wortanfang, im Wortinnern oder am Wortende zu hören ist   DIFF: ■ den Buchstaben ins passende Feld schreiben   3. ■ Auswahlsätze mit Silbenfärbung erlesen und jeweils zum Bild passenden Satz ankreuzen
DIFF: ■ Auswahlsätze ohne Silbenfärbung erlesen und zum Bild passenden Satz ankreuzen

1 Reime mit D

Name

Dame

Nino

Rose

2 Was ist denn da los? Ist das nor**mal**?

Der Mond ist ro**sa**.

In dem Wald sind

drei Man**darin**en.

Paola re**det**

mit ei**nem** Dino.

3

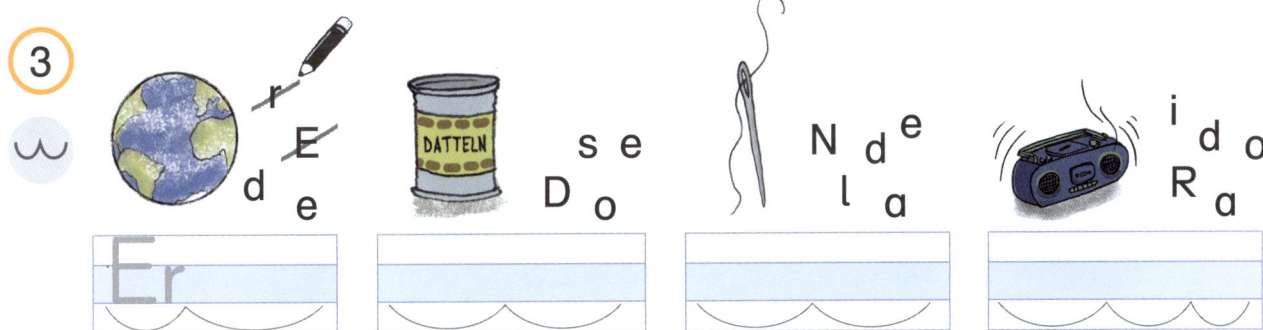

Er

4

Im Weltall ist es ganz dunkel!

Male die Erde und den Mond im All.
Findest du die Erde schön?
Schreibe etwas dazu unter dein Bild.

© 2016 Cornelsen Schulverlage GmbH, Berlin

FS 38/39: 1. ■ Wörter silbierend erlesen; zu den Abbildungen passendes Reimwort darunterschreiben (grün markierte Buchstaben entsprechend austauschen) 2. ■ Text erlesen und Abbildung nach Textaussagen ergänzen
3. ■ Begriffe sprechschwingen, Einzellaute analysieren und Wörter schreiben; benutzte Buchstaben nach und nach aus der Auswahl streichen 4. DIFF: ■ Sprechblasen erlesen und Aufgaben entsprechend umsetzen

39

1

2

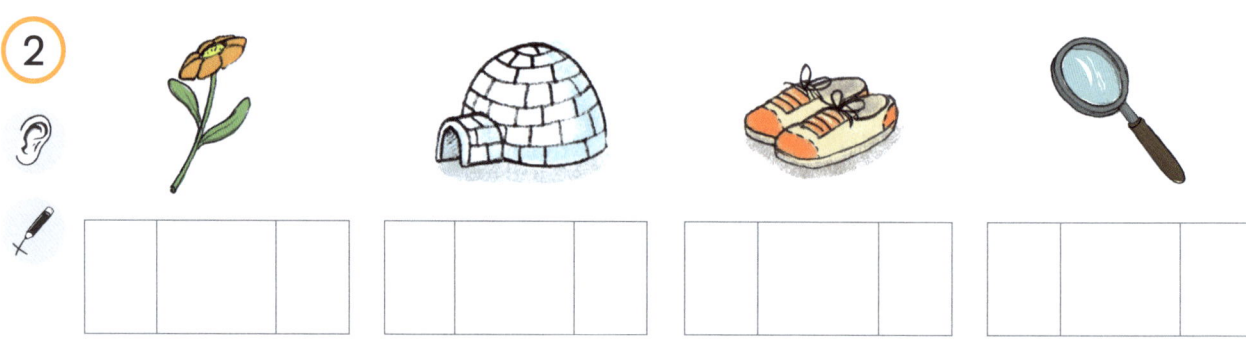

3

○ Nino rudert mit einer Lupe.

○ Nino rudert mit einer Nudel.

○ Nino rudert mit den Armen.

4

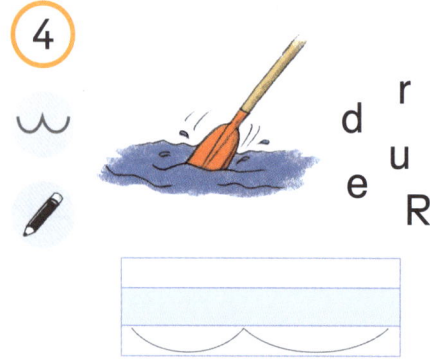   d r
              e u
                 R

   u p
              e L

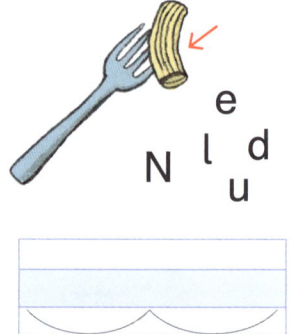   e
              N l d
                 u

© 2016 Cornelsen Schulverlage GmbH, Berlin

FS 42/43: 1. ▪ Begriffe benennen und jeweils ankreuzen, wenn der lange U/u-Laut im Begriff zu hören ist
2. ▪ ankreuzen, ob der lange U/u -Laut am Wortanfang, im Wortinnern oder am Wortende zu hören ist   DIFF: ▪ den Buchstaben
ins passende Feld schreiben   3. ▪ Text erlesen und Bild nach Textaussagen ergänzen   4. ▪ Begriffe sprechschwingen, Einzellaute
analysieren und Wörter schreiben; benutzte Buchstaben nach und nach aus der Auswahl streichen

1

2

3

Jojo und Nina turnen

im Sand.

Unter dem Ast ist Wasser.

Ninas Pulli wird nass.

4

→ a → e → i → o → u

 Schreibe den Satz genau so ins Heft.

Jojo turnt unter Mamas Pulli.

FS 42/43: 1. ■ Begriffe benennen und jeweils ankreuzen, wenn der kurze U/u-Laut im Begriff zu hören ist
2. ■ ankreuzen, ob der kurze U/u -Laut am Wortanfang, im Wortinnern oder am Wortende zu hören ist   DIFF: ■ den Buchstaben
ins passende Feld schreiben   3. ■ Text erlesen und Bild nach Textaussagen ergänzen   4. DIFF: ■ Wörter nachspuren, Vokale dabei
rot markieren   ■ Silbenbögen setzen   ■ Sprechblase erlesen und Satz ins Heft abschreiben

41

F f

1

2

Nino ist am Fenster.

Er filmt Polli am Ast.

Nino ruft Nina an.

Er nimmt das Telefon.

Am Ofen findet Polli

eine fette Wurst.

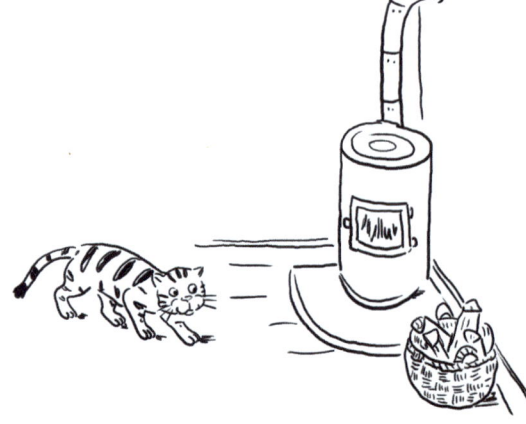

FS 44/45: 1. ▪ ankreuzen, ob der F/f -Laut am Wortanfang, im Wortinnern oder am Wortende zu hören ist
DIFF: ▪ den Buchstaben ins passende Feld schreiben
2. ▪ Texte erlesen und Abbildungen jeweils nach Textaussagen ergänzen

1 U **oder** O

 **Ofen**  **T__rm**  **P__lli**

 **__r__fen**  **D__rf**  **P__lli**

2

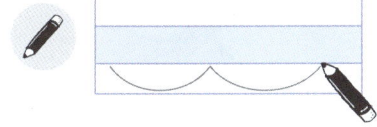
a
T
e
f l

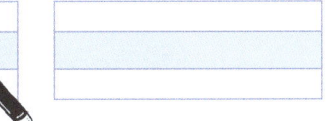
n
f
R e
ei

e
d F
r
e

r
f
o
D

3 Was findest du doof?

◯ einen warmen Ofen im Winter

◯ mit Elefanten im Feld reiten

◯ offene Fenster im Winter

◯ mit anderen ein Fest feiern

◯ wenn Affen Nudeln fressen

4

 Was fin**dest** du
 am Win**ter** toll?

Schreibe ins Heft.
Begründe deine Aussage.

FS 44/45: 1. ▪ Begriffe benennen; fehlenden Vokal abhören (alternativ mit /u/ und /o/ sprechen) und rot einschreiben; ganzes Wort nachspuren 2. ▪ Begriffe sprechschwingen, Einzellaute analysieren und Wörter schreiben; benutzte Buchstaben nach und nach aus der Auswahl streichen; Silbenbögen setzen 3. ▪ Frage und Auswahlantworten erlesen; Antworten entsprechend der Fragestellung ankreuzen 4. DIFF: ▪ Fragestellung erlesen; mündlicher Austausch dazu mit einem Partnerkind ▪ Sprechblase erlesen; Aufgabe ausführen

43

H h

1

---

2 Im Winter hat man oft Husten.

Was soll den Husten heilen?

○ warmer Tee   ○ Hustensaft

○ nasse Haare   ○ ein Fernseher

○ ein nasser Hamster   ○ ein helles Hemd

○ eine warme Hose   ○ im Warmen sein

3

Dose   Nase   Mut

 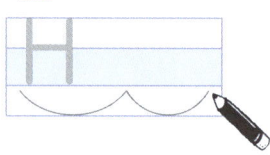 H

4

Halm   Hose   Nadel

 Helm

FS 46: 1. ▪ ankreuzen, ob der H/h-Laut am Wortanfang, im Wortinnern oder am Wortende zu hören ist   DIFF: ▪ den Buchstaben ins passende Feld schreiben   2. ▪ Frage und Auswahlantworten erlesen; Antworten entsprechend der Fragestellung ankreuzen   3. ▪ Wörter silbierend erlesen; zu den Abbildungen passendes Reimwort schreiben (grün markierte Buchstaben austauschen); Silbenbögen setzen   4. DIFF: ▪ Wörter silbierend erlesen; zu den Abbildungen passendes Wort darunterschreiben (rot markierte Vokale austauschen); Silbenbögen setzen

1

H f e t (Heft)

a H s l (Hals)

N N o a h r n s (Nashorn)

___

2 Was passt?

~~sehen~~ holt rennen helfen

Paola und Nino **sehen** einen Film.

2 Hunde _____ hinter einem Hasen her.

Ein Mann will dem Hasen _____ .

Der Mann _____ eine Wurst.

___

3 Überlegt gemeinsam:

Wie könnt ihr euch

vor Husten und Halsweh schützen?

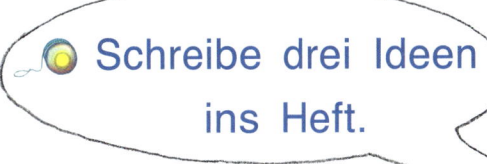
Schreibe drei Ideen ins Heft.

FS 46: 1. ◼ Begriffe sprechschwingen, Einzellaute analysieren und Wörter schreiben; benutzte Buchstaben nach und nach aus der Auswahl streichen; Silbenbögen setzen   2. ◼ Sätze lesen; Auswahlwörter lesen und sprechschwingen; Lückentext mit den passenden Verben vervollständigen; Silbenkönige rot markieren   3. DIFF: ◼ Partner- oder Gruppengespräch: mündlicher Austausch zur Fragestellung   ◼ freies Schreiben dazu

45

 **ie** Wiese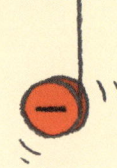

1 Lies und male alle ie an (8-mal):

Nino muss immer niesen.

Er ruft: „Manno, das ist fies!

Es soll nie wieder Winter werden!

Dieses nasse Wetter ist doof!"

Paola antwortet: „Ruhe, Nino!

Hier ist Nina. Sie will mit dir etwas lesen."

Dann liest Nina mit Nino.

2 der **oder** die **oder** das

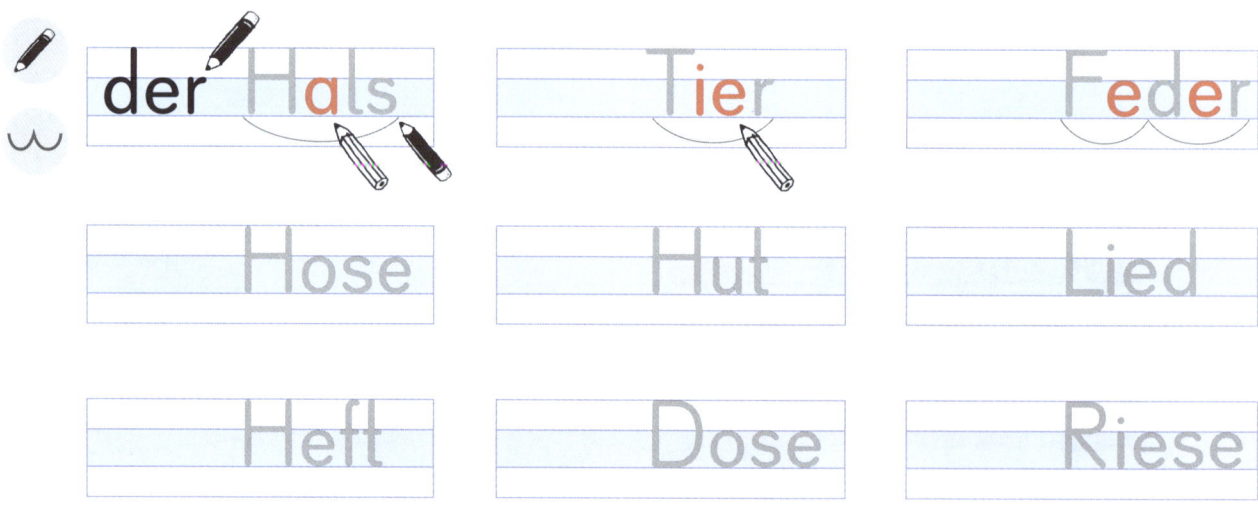

der Hals   Tier   Feder

Hose   Hut   Lied

Heft   Dose   Riese

3 Male hier 2 Tiere.

FS 47: 1. ▪ Partnerübung im Wechsel: ein Kind liest vor (zeilenweise), das andere markiert alle ie beim Hören rot; Partnerkontrolle
2. ▪ Überschrift und Wörter erlesen; Artikel zuordnen und vor die Begriffe schreiben; Wörter silbierend sprechen und nachspuren; Silbenkönige dabei rot markieren; Silbenbögen setzen
3. ▪ Auftrag erlesen und ausführen

© 2016 Cornelsen Schulverlage GmbH, Berlin

1 Lies und male alle ie an:

Wiese   ~~die~~   Lieder   Riese   ~~sie~~

hier   wie   nie   wieder   Papier

Was passt immer darunter?

die	wie	Wiese	wieder	Papier
sie	n	R	L	h

2

Wie

3

○ Nina liest mit Nino.

○ Nina niest mit Nino.

○ Nina liest mit Nina.

○ Dieses Tier findet man in der Wanne.

○ Dieses Tier findet man oft im Feld.

○ Dieses Tier filmt man oft mit Husten.

FS 47: 1. ■ Wörter im Kasten erlesen und ie jeweils rot markieren; Wörter der ersten Schreibzeile nachspuren, Reimwörter darunterschreiben, beide Wörter im Kasten oben streichen   2. ■ Begriffe sprechschwingen, Einzellaute analysieren und Wörter schreiben; benutzte Buchstaben nach und nach aus der Auswahl streichen; Silbenkönige rot markieren und Silbenbögen setzen   3. ■ Auswahlsätze erlesen und jeweils zum Bild passenden Satz ankreuzen   DIFF: ■ Auswahlsätze ohne Silbenfärbung erlesen und zum Bild passenden Satz ankreuzen

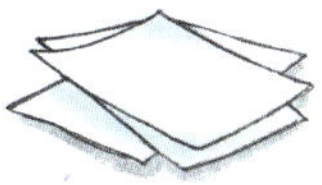

47

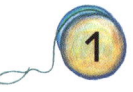

1 Unterscheidet und markiert alle ie und ei. Passt hier besonders gut auf!

Ich sehe 6-mal ie und 5-mal ei!

Ein Riese rennt

in einer Wiese herum.

Dort trifft er einen Hasen.

Der Hase ruft:

„Hier darf niemand rennen!"

Da weint der Riese:

„O nein! Das ist fies!"

Nina und Nino sortieren alle Wörter mit ie und ei in diese Tabelle ein. „Riese" schreiben sie nur einmal!

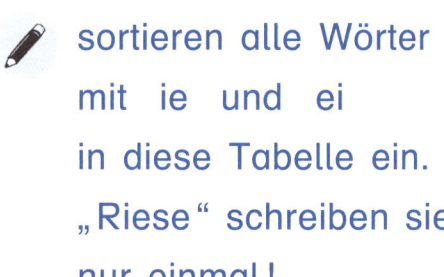

Riese
Reise

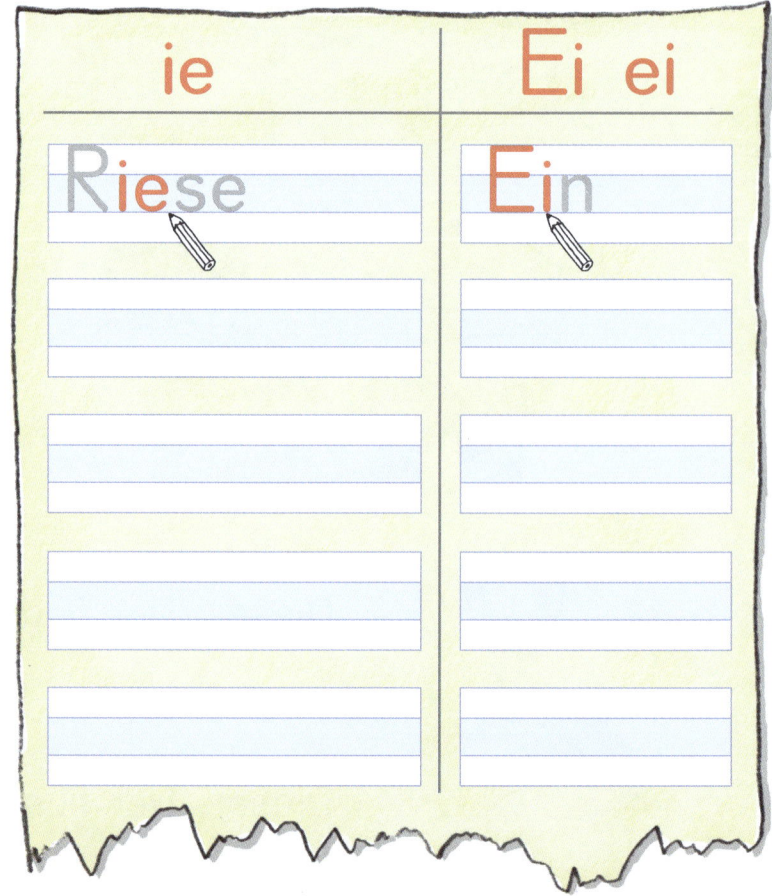

ie	Ei ei
Riese	Ein

FS 47: 1. DIFF: Partnerarbeit: Aufgabenstellung erlesen und (nach ie und ei getrennt oder abwechslend je ein Wort) durchführen; Anzahl der markierten Zwielaute mit von Hund Jojo genannter Anzahl jeweils abgleichen
DIFF: zusätzlich die im oberen Text markierten Wörter schriftlich in die Tabelle einsortieren; gemeinsam kontrollieren

1

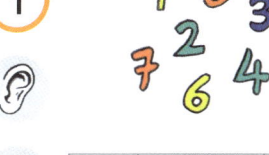   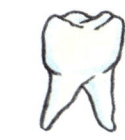

2

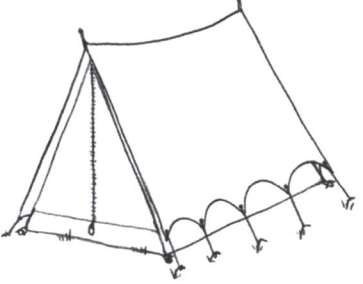

1.

2.

Dieses Zelt ist rot.
Male zwei Tiere dazu.

Male in die erste Zeile
zwei Pilze und eine Feder.

Male in die zweite Zeile
drei Herzen.

3

P
z
l
i

r H
z
e

l t
e Z

A r
t z

 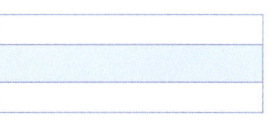  

© 2016 Cornelsen Schulverlage GmbH, Berlin

FS 50/51: 1. ■ ankreuzen, ob der Z/z-Laut am Wortanfang, im Wortinnern oder am Wortende zu hören ist
DIFF: ■ den Buchstaben ins passende Feld schreiben   2. ■ Texte erlesen und Abbildungen nach Textaussagen ergänzen
3. ■ Begriffe sprechschwingen, Einzellaute analysieren und Wörter schreiben; benutzte Buchstaben nach und nach
aus der Auswahl streichen; Silbenbögen setzen   DIFF: ■ Begriff „Arzt" optional

49

1 Was passt zusammen? Ordne alles zu.

Ziehe Linien mit dem Lineal.

der Ranzen   der Zettel   das Zelt

die Zitrone   das Herz   die Wurzel

---

2 Zweimal

◯ An Ninas Zehen ist ein Zettel.

◯ Jojo zittert in Ninas Zimmer.

◯ Nina zappelt an Jojos Leine.

◯ Jojo zerrt an seiner Leine.

---

3 Wofür hättest du gerne mehr Zeit?

FS 50/51: 1. ◼ Wörter mit Artikel erlesen und mit den passenden Bildern durch Linien (Lineal benutzen) verbinden; Wörter mit Artikel nachspuren; Silbenbögen setzen
2. ◼ Auswahlsätze erlesen und die zum Bild passenden ankreuzen (1 und 4)
3. DIFF: freies Schreiben zur Fragestellung

B **b**

1

2 Was ist im Zimmer zu sehen?

Male alles mit roter Farbe an.

○ eine Banane ○ ein Brief ○ sieben Raben

○ eine Blume ○ ein Bett ○ eine bunte Brille

○ ein Brot ○ ein Boot ○ ein breites Brett

FS 52/53: 1. ⬛ ankreuzen, ob der B/b-Laut am Wortanfang, im Wortinnern oder am Wortende zu hören ist
DIFF: ⬛ den Buchstaben ins passende Feld schreiben
2. ⬛ Partnerarbeit: Fragestellung und Begriffe mit unbestimmtem Artikel erlesen; Abbildungen zu den Begriffen
innerhalb der Illustration suchen und rot anmalen (nicht zu sehen: Banane, Boot, bunte Brille)

51

1 Male immer alle b lila.

B b B l B l B l

6-mal b!

bpbdbdpbdpdbb

2

Rabe

Brief

Brot

Biber

___

3 Das Leben bei Nina um sieben

blei-ben   to-ben   bra-ten   ha-ben

Nina will im Bett bleiben.

Mama will Leon ein Ei ___.

Leon will aber lieber ein Brot ___.

Jojo bellt, weil er mit Nina ___ will.

Mama will zur Arbeit ...

FS 52/53: 1. ■ kleines b im großen B lila nachspuren; senkrechten Strich zu einem kleinen b vervollständigen DIFF: ■ kleines b optisch diskriminieren und lila nachspuren 2. ■ Begriffe sprechschwingen, Einzellaute analysieren und Wörter schreiben; benutzte Buchstaben nach und nach aus der Auswahl streichen; Silbenbögen setzen 3. ■ Auswahlwörter und Lückensätze erlesen; Auswahlwörter sprechschwingen und damit den jeweils passenden Lückensatz vervollständigen; Silbenbögen setzen; Silbenkönige rot nachspuren

1 **B oder P** | **b oder p**

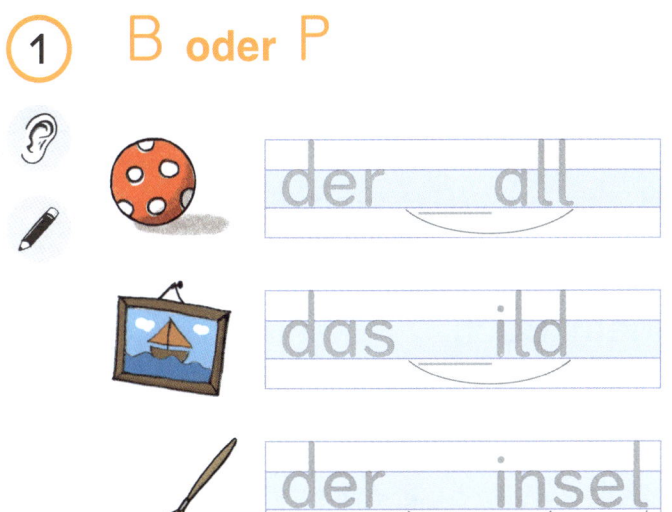

der ___all

das ___ild

der ___insel

___ellen

___usten

___aden

---

2 Es ist Abend.

Leon und Nina sind am Fenster.

Die Sonne ist rot.

Der Himmel oben wird lila.

Leon meint: „Meine liebe Nina, du musst bald ins Bett."

Nina antwortet: „Na, du bist ein toller Bruder!"

---

3 In manchen Wörtern klingt das b wie p.

Lies laut und hör genau hin.

Markiere diese b grün.

lieb – lieber

tobt – toben

lebt – ...

Mein Barosarus lebt auf dem Mars.

Mein Burasiris ist sehr lieb. Er tobt nur leise.

FS 52/53: 1. ▪ abgebildete Begriffe deutlich sprechen; Lückenwort nach fehlendem Laut abhören (alternatives Sprechen mit /b/- und /p/-Laut); Lückenwort entsprechend ergänzen und mit Artikel nachspuren   2. ▪ ersten Absatz erlesen und Abbildung nach Textaussagen ergänzen   DIFF: ▪ Absatz ohne Silbenfärbung lesen   3. DIFF: ▪ Jojos Sprechblase erlesen und /b/-Laute nach ihrem Klang abhören   DIFF: ▪ Aufgabentext und Sprechblasentexte erlesen; Klang des b innerhalb der Wörter abhören; alle b mit /p/-Lautung grün markieren

53

Ch ch

 Buch  Milch

1 Lies und male alle Ch und ch an. (Es sind 5 + 6.)

Nina und Leon lesen in einem Buch.

Nino besucht die beiden.

Nina liest:

„Wenn es in China Nacht ist,

ist es bei uns noch hell."

Seite 54!

?

Nino wundert sich: „Bist du sicher?"

Leon lacht: „Willst du wissen, warum?

Dann lies doch einfach in deiner Fibel nach."

---

2 der **oder** die **oder** das

ch
wie in
Bu**ch**

die Nacht   Buch

Woche   Dach

ch
wie in
Mil**ch**

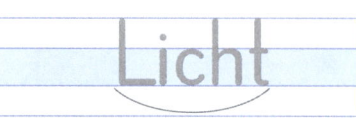Licht   Zeichen

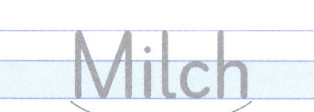Milch   Teppich

FS 54/55: 1. Partnerarbeit: ■ oberen Text abwechselnd erlesen und alle Ch und ch gelb markieren (5×)
DIFF: ■ Absatz ohne Silbenfärbung erlesen und alle Ch und ch markieren (6×)
2. ■ Wörter erlesen, den Klang des /ch/-Lautes abhören; bestimmten Artikel zuordnen und Wörter nachspuren

1

a ch D    i M ch l 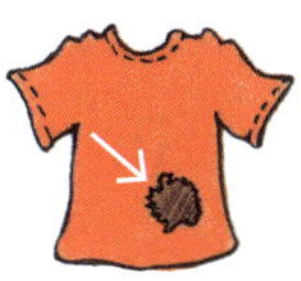   o ch L    t ch a

2 Welches Wort passt? Die zweite Silbe ist immer ⌐chen⌐:

1. la – hor – rie – su   2. – chen

Leon und Nina **hor**chen an der Wand.

Nina und Leon _____ Leons Buch.

Polli und Jojo _____ an einer Wurst.

Nina und Nino _____ oft zusammen.

ch
wie in Bu**ch**
oder
wie in Mil**ch**

3 wir lachen   wir suchen   wir machen

er lacht   er _____   er _____

wir rechnen   wir zeichnen

ich _____   ich _____

!!!

FS 54/55: 1. ◼ Begriffe sprechschwingen, Einzellaute analysieren und Wörter schreiben; benutzte Buchstaben nach und nach aus der Auswahl streichen; Silbenbögen setzen   2. ◼ Einzelsilben lesen; Silben mündlich zu Verben zusammensetzen; Lückensätze erlesen und mit den richtigen Verben vervollständigen; Silbenbögen setzen   3. ◼ Verben in der 1. Person Plural erlesen, Verbform in der 3. Person Singular ableiten und darunterschreiben   DIFF: ◼ Verbformen mit zwei Silben in der 3. Person Singular ermitteln und aufschreiben

55

1 Bei die**sen** Na**men** liest du das **Ch** so, wie in **Ch**or :

| **Ch**ris | **Ch**ris**t**a | **Ch**ris**t**ina | **Ch**ris**t**ian | **Ch**ris**t**of |

 In dem Wort **Ch**ina lesen manche das **Ch**
wie in Mil**ch**. Andere lesen das **Ch** wie in **Ch**or.

2 Dreimal und einmal

①	**②**	**③**
· Leon	· liest	· in einem tollen Buch.
·· Nino	·· lacht	·· mit acht tollen Chinesen.
··· Nina	··· rudert	··· in einem Teich.
:: Polli	:: tobt	:: unter einem Teppich.
::· Papa	::· arbeitet	::· manchmal in der Nacht.
::: Mama	::: turnt	::: mit einem weichen Pulli.

Würfle weitere Sätze und schreibe sie ins Heft.
Oder: Erfinde lustige Sätze und schreibe sie auf.

FS 54/55: 1. ■ Namen mit Ch erlesen; Ch gelb markieren DIFF: ■ verschiedene Klangmöglichkeiten des Ch in „China" erkennen
2. ■ Partner- oder Gruppenarbeit: Satzteile einzeln erlesen; Satzteile würfeln und entstehende Sätze erlesen; einen Satz aufschreiben;
Partnerkontrolle DIFF: ■ weitere lustige Sätze erwürfeln oder erfinden und ins Heft schreiben

1

2

Auf dem Baum

sind acht Tauben.

Das Auto hat

ein blaues Dach.

Eine Maus saust durch den Zaun.

Die Frau malt den Zaun braun an.

Sie braucht eine Brille.

Farbe

3

au s H

Au o t

m B au

au F r

FS 58/59: 1. ■ ankreuzen, ob der Au/au-Laut am Wortanfang, im Wortinnern oder am Wortende zu hören ist
DIFF: ■ den Buchstaben ins passende Feld schreiben   2. ■ Au und au optisch diskriminieren und rot markieren;
Text erlesen und Abbildung nach Textaussagen ergänzen   3. ■ Begriffe sprechschwingen, Einzellaute analysieren
und Wörter schreiben; benutzte Buchstaben nach und nach aus der Auswahl streichen; Silbenbögen setzen

57

1 Baue 3-mal ein Wort aus zwei Silben:

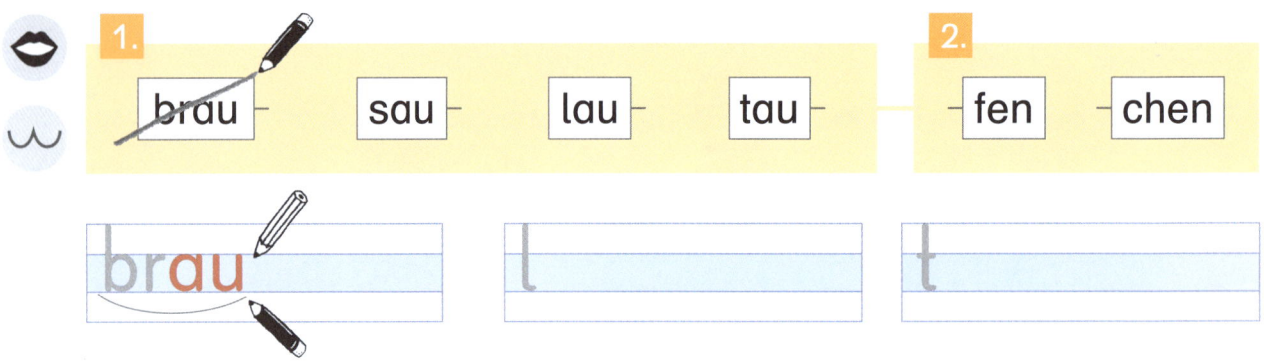

1.				2.	
~~brau~~	sau	lau	tau	fen	chen

brau   l _____   t _____

---

2 Was passt auch zu dir?

So bin ich!

○ Manchmal brauche ich
Hilfe beim Rechnen.

○ Ich helfe anderen,
wenn sie mich brauchen.

○ Ich lache andere niemals aus.

○ Wenn ich nicht fernsehen darf,
werde ich ziemlich sauer.

So bin ich!

○ Manchmal traue ich mich nicht,
etwas zu tun.

○ Ich liebe faule Ausreden.

---

3 Erfinde hier eine faule Ausrede:

Ich komme zu spät, weil

FS 58/59: 1. ▪ Anfangssilben erlesen, jeweils passende Schlusssilben suchen; vollständige Verben in die passende Lineatur schreiben; Silbenbögen setzen und Silbenkönige rot markieren 2. ▪ Frage und Auswahlantworten mit Silbenfärbung lesen; ankreuzen, was passt DIFF: ▪ Auswahlantworten ohne Silbenfärbung lesen und ankreuzen 3. DIFF: ▪ Satzanfang nachspuren und mit einer „faulen Ausrede" frei ergänzen

① Markiere zuerst alle **K** und **k** . (Es sind 8 + 4.)

Dann kannst du das Bild ausmalen:

Über den Wolken

Die Kinder sind bei Nino.

Die Musik ist laut.

Polli kriecht in den Koffer.

Alle lachen und kichern.

Nina knabbert an einem Keks.

 Paola klettert auf dem Bett herum.

Sie wirft ein Kissen nach Nino.

Auf dem Plakat ist eine bunte Rakete.

②  n i r K e d  e z r K e  K t a u k s

FS 60/61: 1. ◼ Aufgabenstellung und ersten Textblock Satz für Satz erlesen, dabei alle K und k grün markieren (8×); Abbildung nach Textvorgaben ergänzen   DIFF: ◼ Text ohne Silbenfärbung zusätzlich bearbeiten (4×)
2. ◼ Begriffe sprechschwingen, Einzellaute analysieren und Wörter schreiben; benutzte Buchstaben nach und nach aus der Auswahl streichen; Silbenbögen setzen

59

1 Was kann ich kauen? 3-mal

○ Kekse   ○ Kuchen   ○ Kannen

○ Kinder   ○ Kartoffeln   ○ Wolken

Was kann ich riechen? 3-mal

○ Kamele   ○ Kreise   ○ Kaffee

○ Musik   ○ Koffer   ○ Knoblauch

Solche Wörter nennt man **Nomen**.

2

der Kreis ⟶ die Kreise

die Kiste ⟶ d

das Kind ⟶ d

3 Suche immer ein Reimwort mit K oder k:

die **L**iste   das **L**amm   die **N**uss

die Kiste   der   der

der **W**ind   die **T**anne   **l**aufen

das   die

FS 60/61: 1. ◆ Partnerarbeit: Fragen erlesen, sich über Auswahlbegriffe austauschen und die richtigen ankreuzen
◆ Jojos Sprechblasentext vorlesen
2. ◆ Begriffe mit Artikel im Singular lesen; Plural bilden und mit Artikel aufschreiben; Artikel im Plural rot einkreisen; Silbenbögen setzen
3. ◆ vorgegebene Begriffe mit Artikel lesen; passendes Reimwort mit K/k im Anlaut suchen und darunterschreiben; Artikel nachspuren

① Mit Papa auf dem Markt

1.
| kau | kom | ko | krau |

2.
| len | fen | chen | men |

Frisches Obst

Kaffee, Kuchen, Kekse

Gemüse-Emma

Gemüse aus der Region

Papa will Paprika **kau** .

Die Frauen _____ Kaffee.

Zwei Kinder _____ in kurzen Hosen.

Nina und Leon _____ einen Hund.

② Sieh genau hin. Was passiert noch auf dem Markt?

FS 60/61: 1. ■ Partnerarbeit: mündlich abwechselnd je ein Verb aus den Auswahlsilben bilden; Lückensätze abwechselnd erlesen und mündlich mit passenden Verben vervollständigen; Verben einschreiben; Partnerkontrolle; Sätze erneut lesen und Abbildung nach Textvorgaben ergänzen
2. DIFF: ■ freies Schreiben zur Abbildung

61

Ö ö

1 Frau Löber möchte mit der Klasse einen Test machen.
Kannst du beim Lösen helfen?

Zu welchen Zeilen passen die Wörter?

Löffel   Öl   öfter   können

Köche **können** toll kochen.

Suppe isst man mit einem _____ .

Obst sollten wir _____ essen als Bonbons.

Salat können wir mit _____ und Zitrone essen.

Schreibe den ganzen Text in dein Heft ab.
Kontrolliere dann sofort, ob du
alles richtig geschrieben hast.

2

e ö L w   F ö e l t   ö K b r e   H r n e ö r

© 2016 Cornelsen Schulverlage GmbH, Berlin

FS 62: 1. ◼ Lückenwörter und Sätze erlesen; Lückenwörter sprechschwingen und in die passende Lücke einschreiben; Silbenbögen setzen ◼ Sprechblase erlesen und Text ins Heft abschreiben
2. ◼ Begriffe sprechschwingen, Einzellaute analysieren und Wörter schreiben; benutzte Buchstaben nach und nach aus der Auswahl streichen; Silbenbögen setzen

1 Über das Essen

 Nüsse und Rosinen passen prima …

- ○ in ein Müsli.
- ○ in eine Suppe.
- ○ in einen Kuchen.

Wenn du fünf Tüten Bonbons isst, …

- ○ wirst du dünn.
- ○ wird dir übel.
- ○ wirst du böse.

 Nach dem Kochen …

- ○ musst du alle Löffel küssen.
- ○ dürfen alle Kinder Rechnen üben.
- ○ kommt der Abfall in den Müll.

  Schreibe die Sätze ins Heft.
Kontrolliere.

2

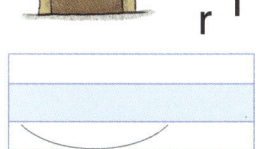 ü r T
  T e t ü
 W r ü f l e
  ü s t B e r

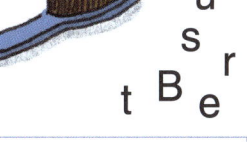

FS 63: 1. ◆ Satzanfänge und -ergänzungen lesen; sinnvolle Ergänzungen ankreuzen DIFF: ◆ Satz ohne Silbenfärbung zusätzlich bearbeiten ◆ beliebige Sätze aus den Auswahlsatzteilen bilden und ins Heft abschreiben; kontrollieren
2. ◆ Begriffe sprechschwingen, Einzellaute analysieren und Wörter schreiben; benutzte Buchstaben nach und nach aus der Auswahl streichen; Silbenbögen setzen

63

Sch | sch

1 Schöne Ideen für unsere Freizeit

Nino bastelt bunte Schiffe.
Auf dem Tisch ist auch
eine kleine Schere.

Nina schreibt einen Brief
für eine Flaschenpost.
Male die Flasche dazu.

2

Toni schnorchelt auf dem Wasser.
Er schaut nach unten.
Dort schwimmen fünf bunte Fische.
Male auch noch drei Muscheln
rechts in den Sand.

3

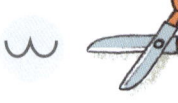   

e e r
Sch

a
sch
e T

F
r
o
sch

Sch
ff i

© 2016 Cornelsen Schulverlage GmbH, Berlin

FS 66/67: 1. ■ Texte erlesen, dabei alle Sch/sch gelb markieren; Abbildungen nach Textvorgaben ergänzen
2. ■ Text ohne Silbenfärbung erlesen, dabei alle Sch/sch gelb markieren; Abbildung nach Textvorgaben ergänzen
3. ■ Begriffe sprechschwingen, Einzellaute analysieren und Wörter schreiben; benutzte Buchstaben nach und nach
aus der Auswahl streichen; Silbenbögen setzen

1 **Nina hat eine komische Schrift erfunden**

Tausche die roten 👑.

die [Fle]-[scha] ✏️

die Flasche

die [Sche]-[lu]

die

die [Sche]-[fa]

die [Sches]-[sül]

die Tescha
der Schlessül
die Meschul
die Schekaul

---

2 **Schwere Wörter für schlaue Forscher**

die [Wisch]-[me]-[scha]-[na]

W

Die brauchen wir zum Waschen!

Mmmh! Die nasche ich am liebsten!

die [Scha]-[ke]-[lo]-[do]

S

FS 66/67: 1. ▪ abgebildete Begriffe benennen, falsche Silben erlesen; Begriffe richtig benennen, sprechschwingen, mit Artikeln und getauschten Vokalen darunterschreiben; Silbenbögen setzen DIFF: ▪ Übung mit weiteren Begriffen ohne Bildvorgabe (Sprechblase) durchführen 2. DIFF: ▪ Übung mit viersilbigen Wörtern durchführen (Hinweise auf die Lösungswörter in den Sprechblasen – statt Bildvorgaben)

65

1 Schreibe immer das passende Wort in die Zeile:

Einen Film im Kino kannst du

_____an_____ .

○ an – schreien

○ an – schauen

Deine Freizeit-Tipps kannst du

_____ .

○ auf – schneiden

○ auf – schreiben

Nach dem Schwimmen sollst du

dich _____ .

○ ab – duschen

○ ab – schütteln

Nein!!

2 Schreibe hier deinen besten Freizeit-Tipp auf:

3 Schreibe jemandem
eine Nachricht in Ninas Geheimschrift
von Fibelseite 67.

FS 66/67: 1. ■ Satzanfänge und Ergänzungen erlesen; passende Ergänzung ankreuzen,
sprechschwingen und in die Zeile schreiben; kontrollieren
2. ■ freies Schreiben zur Aufgabenstellung
3. DIFF: ■ freies Schreiben in Geheimschrift (analog zu Fibelseite 67)

1 Freizeit-Tipps für alle Tage

Um das Gesicht
dieser Giraffe
fliegen fünf Fliegen.

Simon und Andi tragen
gelbe Schuhe. Andi gibt
Simon einen grünen Ball.

2

Die Kinder gehen
mit Leon ins Museum.
Nino zeigt Paola
den grauen Dino.
Neben dem Dino liegen
zwei riesige Knochen.

3

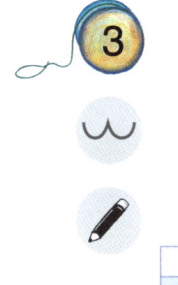

a l
G b
e

R
e
g e
n

ü
m
G e
e
s

FS 68: 1. ▪ Texte erlesen und Abbildungen nach Textvorgaben ergänzen
2. ▪ Text ohne Silbenfärbung erlesen und Abbildung nach Textvorgaben ergänzen
3. ▪ Begriffe sprechschwingen, Einzellaute analysieren und Wörter schreiben; benutzte Buchstaben
nach und nach aus der Auswahl streichen; Silbenbögen setzen

67

1 Überlege, welche Wörter zu den Bildern passen:

1. lie – ge – ge – zei

2. ben – gen – hen – gen

lie

2 Was ist gelogen?

○ Ein Ausflug bei Regen ist eine gute Idee.

○ Dinos sind riesige Tiere, die früher gelebt haben.

○ Einige Menschen haben gelbe Augen.

○ Auf allen Burgen gibt es gruselige Geister.

Denke dir eine witzige Geschichte
zu dem Bild aus.
Schreibe sie in dein Heft.

3 Erfinde hier eine eigene kleine Lüge:

68

FS 68: 1. ◼ Abbildungen betrachten; passende Verben aus den Einzelsilben zusammenbauen, sprechschwingen und danebenschreiben; Silbenbögen setzen 2. ◼ Partnerarbeit: Frage und Auswahlantworten erlesen; sich über den Wahrheitsgehalt austauschen; alle Lügen ankreuzen (1, 2, 4) DIFF: ◼ Jojos Sprechblase erlesen, Abbildung betrachten und Aufgabe im Heft durchführen 3. DIFF: ◼ freies Schreiben nach Aufgabenstellung

1 Schreibe immer das richtige Wort in die Zeile:

Geld kannst du …

aus

○ aus - fegen

○ aus - geben

Ein Gedicht kannst du …

○ auf - saugen

○ auf - sagen

2 Manchmal liest du g, aber du hörst k.

Male nur diese g grün an (6-mal).

die Burg –
die Burgen
…

- Nina mag es, mit Mama zu kuscheln.
- Nino zeigt Paola eine Burg auf einem Berg.
- Toni fragt Ina, wann sie Geburtstag hat.

3 Was machen alle ? Was macht er ?

alle liegen   alle fragen   alle zeigen

er liegt   er   er

Schreibe Sätze mit diesen Verben:
zeigen – fliegen – mögen.
Schreibe immer, was Nina tut: Nina zeigt …

FS 68: 1. ☐ Satzanfänge und Ergänzungen erlesen; passende Ergänzung ankreuzen, sprechschwingen und in die Zeile schreiben; kontrollieren
2. ☐ Partnerarbeit: Aufgabenstellung erlesen; Beispielsätze erlesen: ein Kind liest, das andere sagt „Stopp", wenn ein g wie k klingt; alle g grün markieren; dann wird gewechselt DIFF: ☐ Verlängerungen in Inas Sprechblase erlesen 3. ☐ Grundform der Verben erlesen und nachspuren; Verb in der dritten Person Plural darunterschreiben DIFF: ☐ Jojos Sprechblase erlesen; Aufgabe im Heft durchführen

69

 **Ä ä**  Käse

1

der Ast

die Äste

das Glas

d

die Hand

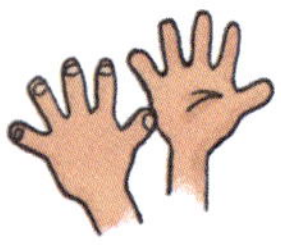

d

der Mann

d

2 **Dreimal würfeln**

> Paola schält
> ein Kleid mit lila Ärmeln.

①
- · Paola
- ·· Nina
- ∴ Nino
- ∷ Lara
- ⁙ Toni
- ⠿ Polli

②
- · ärgert
- ·· trägt
- ∴ wäscht
- ∷ malt
- ⁙ schält
- ⠿ frisst

③
- · einen Bären mit Ästen.
- ·· ein Kleid mit lila Ärmeln.
- ∴ die Hände mit Seife.
- ∷ ein Bild mit drei Bällen.
- ⁙ Obst mit einem Messer.
- ⠿ Käse mit roten Käfern.

  Schreibe ab, was du gewürfelt hast. Kontrolliere.

Überlegt, wie ihr auch Fragesätze würfeln könnt.

Wäscht Lara Käse mit roten Käfern?

Worauf müsst ihr dann beim Abschreiben achten?

© 2016 Cornelsen Schulverlage GmbH, Berlin

FS 69: 1. · Pluralform mit Umlaut zu den passenden Bildern finden; sprechschwingen und mit Artikel aufschreiben
2. DIFF: · Satzteile einzeln erlesen; in Partnerarbeit mit drei Würfeln Sätze erwürfeln und erlesen
·· einen erwürfelten Satz oder mehrere erwürfelte Sätze ins Heft abschreiben und kontrollieren
∴ Partnergespräch zur Aufgabenstellung (Großschreibung am Satzanfang / Fragezeichen am Satzende)

1

Nino geht mit den Kindern
zur alten Mühle.
Dort kräht ein Hahn.

Nina sucht ihren Schuh.
Sie findet ihn am Zaun.
Seine Sohle ist hellgrau.

2 Ina fährt zu der Kuh
mit dem braunen Ohr:
„Diese fröhliche Kuh
mäht hier den Rasen!
Und sieh mal, Toni!
Hier blüht gelber Löwenzahn!"

3 der **oder** die **oder** das

M

Fehler   Huhn
Zahl   Ohr

 das Ohr    der

 das   die

© 2016 Cornelsen Schulverlage GmbH, Berlin

FS 72/73: 1. ■ Texte erlesen und alle Silbenkönige mit Dehnungs-h rot markieren (je 4-mal); Abbildungen nach
Textvorgaben ergänzen   2. ■ Text ohne Silbenfärbung erlesen und alle Silbenkönige mit Dehnungs-h rot markieren (9×);
Abbildung nach Textvorgaben ergänzen   3. ■ Begriffe auf dem Zettel erlesen; jeweils passenden Artikel in den Schreiblineaturen
suchen, Artikel nachspuren und Begriff mit -h danebenschreiben

71

① Die Fahrt zu einer Höhle

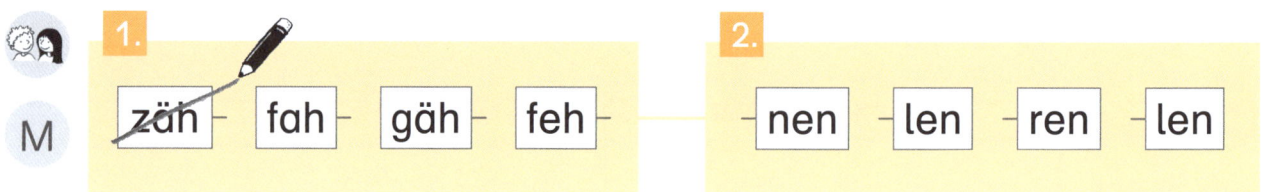

1. zäh · fah · gäh · feh

2. nen · len · ren · len

Es ist sehr früh am Morgen. Die Klasse wartet im Bus.
Die Lehrer wollen wissen, ob alle gekommen sind.

Deshalb zäh _____ sie die Kinder.

Aber Simon und Lara _____ noch.

Nina ist müde. Sie muss die ganze Zeit _____ .

Der Busfahrer ruft: „Können wir endlich _____ ?"

Schreibe drei oder mehr Zeilen ins Heft ab. Kontrolliere.

②

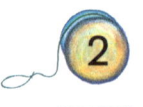

Denke dir aus, was die Kinder
in der Höhle erlebt haben könnten.
Schreibe nicht mehr als fünf Sätze.
Magst du sie vorlesen?

FS 72/73: 1. ■ Partnerarbeit: passende Wörter aus den Einzelsilben zusammenbauen; Sätze abwechselnd erlesen;
jeweils passendes Verb gemeinsam auswählen und in den Text einsetzen; Partnerkontrolle
DIFF: ■ Abschreiben nach Aufgabenstellung   2. DIFF: ★ freies Schreiben nach Aufgabenstellung

J j

1 Zu jeder Frage gibt es eine richtige Antwort:

Das Jahr hat 12 Monate. Was ist wahr?

- ◯ Direkt nach dem Juni folgt der Januar.
- ◯ Im Frühjahr blühen Krokusse.
- ◯ Ostern feiern wir im Juli.

1. Januar
2. Februar
3. März
4. April
5. Mai
6. Juni
7. Juli
8. August
9. September
10. Oktober
11. November
12. Dezember

Ein Jäger ist jemand, der …

- ◯ im Wald Tiere jagt.
- ◯ immer mit den Wölfen jault.
- ◯ jeden Tag einen Joghurt isst.

Ein Jo-Jo ist etwas, was …

- ◯ Ninos Bruder Jonas lesen will.
- ◯ man beim Judo braucht.
- ◯ man hoch und runter rollen lässt.

Welcher ist dein Lieblingsmonat? Begründe.

2

e J g ä r

o u d J

J a g r u a

© 2016 Cornelsen Schulverlage GmbH, Berlin

FS 74/75: 1. ◼ Aufgabenstellung, Einleitungssätze und Auswahlantworten erlesen; richtige Antworten/Ergänzungen ankreuzen
DIFF: ◼ zusätzlichen Abschnitt ohne Silbenfärbung bearbeiten ◼ Monatsnamen vom Zettel und Jojos Sprechblase erlesen;
Frage mündlich oder schriftlich beantworten 2. ◼ Begriffe sprechschwingen, Einzellaute analysieren und Wörter schreiben;
benutzte Buchstaben nach und nach aus der Auswahl streichen; Silbenbögen setzen

73

Sp | sp

1

Es ist **sp**ät am Abend.
Auf der kleinen Bühne
spuken zwei Ge**sp**enster.

Die Maus **sp**aziert durch
die Wüste. Dort **sp**richt
sie mit einer roten **Sp**inne.

Schreibe hier drei oder mehr Wörter mit **Sp** oder **sp** ab:

spät,

2 Nina und Nino **sp**ielen Theater.
Nina **sp**ielt eine **sp**anische
Prinzessin. Auf Ninos Kostüm
sieht man eine **Sp**inne.

Sie betrachten sich im **Sp**iegel.
Dann beginnen sie zu **sp**rechen: …

Schreibe den Text in dein Heft ab. Schreibe dann weiter:
Was sagen Nina und Nino vor dem Spiegel?

FS 78/79: 1. ▨ Texte erlesen und alle Sp/sp blau markieren (je 3×); Abbildungen nach Textvorgaben ergänzen;
drei oder mehr Wörter in die Zeilen abschreiben
2. ▨ Text ohne Silbenfärbung erlesen und alle Sp/sp blau markieren (6×); Abbildung nach Textvorgaben ergänzen
DIFF: ▨ Abschreiben und freies Schreiben nach Aufgabenstellung

1 Aufgepasst!

Wo hört sich das **Sp** oder **sp** immer wie in Spinne an?

Male eine Spinne über dieses Feld.

Male die Silbenbögen unter alle Wörter.

der Sport

der Spiegel

spielen

sprechen

die Wespe

die Knospe

auspusten

auspressen

---

2 Lest das Gespräch unten laut.

Wie betont ihr richtig? Probiert es aus.

Ein Gespräch in der Wüste

Der Geier fragt: „Folgst du den Spuren des Löwen?"

Die Giraffe ruft: „Du spinnst wohl!"

Der Affe flüstert: „Bitte, wir müssen leiser sprechen.
Ich spüre schon seine Schritte."

Schreibe das Gespräch in dein Heft ab. Kontrolliere.
Welches Satzzeichen steht hinter welchem Satz?

© 2016 Cornelsen Schulverlage GmbH, Berlin

FS 78/79: 1. ■ Wörter in den Feldern erlesen; Spinne über das linke Feld malen und darin alle Sp und sp blau nachspuren;
alle Begriffe sprechschwingen und Silbenbögen setzen
2. ■ Partnerarbeit nach Aufgabenstellung DIFF: ■ Abschreibübung nach Aufgabenstellung

75

St st ⭐

1

Es ist tiefe Nacht.
Der Löwe staunt sehr.
Am Himmel strahlen
drei bunte Sterne.

Der Affe steht
an der grauen Treppe.
Auf den Stufen
liegen fünf grüne Stifte.

2
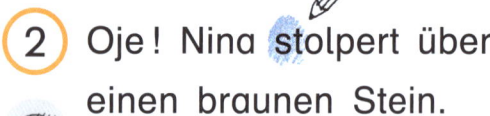

Oje! Nina stolpert über
einen braunen Stein.

Nina trägt blaue Stiefel.
Ihr Pulli hat rote Streifen.
Male auch blaue Sterne
auf ihre Hose.

3

 St e n r

 f i t St

 St n ei

 l e St ie f

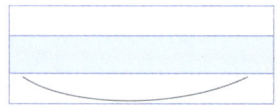

FS 78/79: 1. ◼ Texte erlesen und alle St/st blau markieren (je 3×); Abbildungen nach Textvorgaben ergänzen
2. ◼ Text ohne Silbenfärbung erlesen und alle St/st blau markieren (5×); Abbildung nach Textvorgaben ergänzen
3. ◼ Begriffe sprechschwingen, Einzellaute analysieren und Wörter schreiben; benutzte Buchstaben nach und nach aus der Auswahl streichen; Silbenbögen setzen

1 Aufgepasst!

Wo hört sich das **St** oder **st** immer wie in **Stern** an?

Male einen Stern über dieses Feld.

Male die Silbenbögen unter alle Wörter.

die Stunde

der Stuhl

stehen

aufstellen

das Nest

die Taste

basteln

austeilen

---

2 Welches Wort muss neben welchem Bild stehen?

1.

ste · stei · strei · stür

2.

cheln · gen · hen · zen

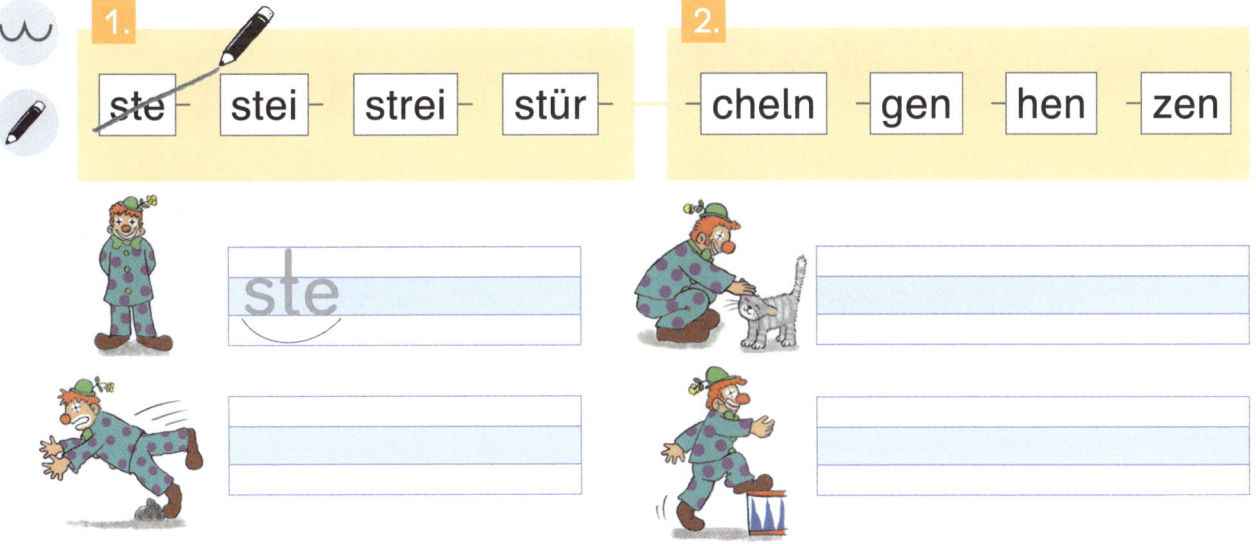

ste

3

Drei Stiere stören in der Stadt drei Störche,
die mit Stiefeln durch die Straßen stolpern.

FS 78/79: 1. ▫ Wörter in den Feldern erlesen; Stern über das linke Feld malen und darin alle St und st blau nachspuren; alle Begriffe sprechschwingen und Silbenbögen setzen 2. ▫ Abbildungen betrachten; passende Verben aus den Einzelsilben zusammenbauen, sprechschwingen und danebenschreiben; benutzte Silben aus der Auswahl streichen; Silbenbögen setzen 3. DIFF: ▫ Paolas Zungenbrecher mehrfach erlesen, dabei immer schneller werden

77

ck Sack

1 Finde Reimwörter mit ck:

Rock

St_____

Stück

Gl_____

Schnecke

D_____

2 Was stimmt?

Zu einem guten Picknick gehört …

○ eine dicke Mücke.

○ eine dreckige Decke.

○ ein leckeres Essen.

 Wenn du über eine Brücke gehst, …

○ brauchst du einen Stock.

○ willst du auf die andere Seite.

○ musst du Schnecken wecken.

3

 ck
R
o

 J
ck e
a e

 Sch
n
ck e
e

© 2016 Cornelsen Schulverlage GmbH, Berlin

FS 80/81: 1. ◼ck blau markieren; Reimwörter (Nomen) mit den vorgegebenen Anfangsbuchstaben finden und aufschreiben
2. ◼ Satzanfang und Auswahlergänzungen lesen; passende Ergänzung ankreuzen DIFF: ◼ zweiten Satzanfang zusätzlich bearbeiten
3. ◼ Begriffe sprechen, Einzellaute analysieren und Wörter schreiben; benutzte Buchstaben nach und nach aus der Auswahl streichen

1 Finde Reimwörter mit ck:

schmecken

knacken

kleckern

l

p

m

2 Finde für jedes Wort die passende Zeile:

backt   schmeckt   Klecks   leckt

Leon backt mit Nina Kekse für ein Picknick.

Er gibt ihr einen Löffel mit einem _____ Teig.

Nina _____ den Teig ab.

Sie ruft: „Mmmh! Das _____ aber gut!"

Juchuu!!!

3 Was macht dich glücklich?

Hast du schon einmal jemanden glücklich gemacht? Schreibe die Geschichte auf. Magst du sie den anderen vorlesen?

FS 80/81: 1. ck blau markieren; Reimwörter (Verben) mit den vorgegebenen Anfangsbuchstaben finden und aufschreiben
2. Partnerarbeit: Auswahlwörter und Lückensätze (abwechselnd) erlesen; Sätze mit den passenden Wörtern vervollständigen; Partnerkontrolle
3. freies Schreiben zur Aufgabenstellung   DIFF: Erlesen von Jojos Sprechblase und freies Schreiben ins Heft

79

Pf | pf

1

Jojo sucht seinen Futternapf.

Er hüpft wie wild herum.

Ein brauner Topf zerbricht.

Jojos Nase tropft.

Seine Pfoten sind dreckig.

---

2 Reime mit Pf oder pf

der Knopf

 der ___

der Kopf

 d___

die Kanne

 d___

das Seil

 d___

Und woraus wächst ein Apfelbaum?

3 Die Kinder wollen Wildblumen aussäen.

Was brauchen sie dafür?

Kreise nur diese Wörter ein.

Pferde   Knöpfe   Töpfe   Äpfel   Samen   Pfoten   Blumenerde

Schreibe danach

alle anderen Wörter

rechts in die Zeilen.

Kontrolliert gemeinsam.

FS 84: 1. ◼ Text erlesen und alle Pf/pf blau markieren (5x); Abbildung nach Textvorgaben ergänzen   2. ◼ Reimwörter (nach Bildvorgabe) mit Pf oder pf finden und mit passendem Artikel aufschreiben   3. ◼ Partnerarbeit: Aufgabenstellung erlesen, ggf. noch einmal absprechen; Begriffe einkreisen, die zur Aussaat passen, alle anderen Begriffe in die Zeilen schreiben; Partnerkontrolle
DIFF: ◼ Paolas Frage (Sprechblase) erlesen und mündlich oder schriftlich beantworten

1 Diese Blumen mögen keine Hitze.

Nina möchte sie

mit einem Schirm schützen.

Leon und Jojo sitzen

auf dem Platz neben Nina.

2 Finde Reimwörter mit **tz** und schreibe sie auf:

Glatze   Blitze   schwitzen

      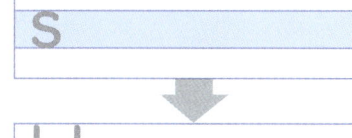

3 Lies die Wörter und markiere alle **tz**.

Kennst du
einen tollen Witz?

Katze   Blitz   Hitze   Netz   Satz

Schreibe dann alle Wörter mit **der**, **die** oder **das** ins Heft.
(**der** und **die** brauchst du zweimal, **das** nur einmal)

Denke dir zu zwei oder mehr Wörtern
jeweils einen lustigen Satz aus.
Schreibe den lustigsten Satz in dein Heft.

FS 85: 1. ▪ Text erlesen und alle tz blau markieren (4x); Abbildung nach Textvorgaben ergänzen
2. ▪ Reimwörter mit den vorgegebenen Anfangsbuchstaben finden und aufschreiben
3. ▪ Aufgabenstellung erlesen und Begriffe mit passendem Artikel ins Heft schreiben; kontrollieren
DIFF: ▪ einen Witz erzählen   DIFF: ▪ Jojos Aufgabe (Sprechblase) zusätzlich ausführen

81

(1) Tiere mit chs

M   der Luchs   der Dachs

der Luchs   d

der Fuchs   der Lachs

d   d

Sammelt Informationen zu diesen Tieren.
Gestaltet in Gruppen jeweils ein Tierplakat.

Mein Jojo-Plakat

---

(2) Hier wachsen Blumen mit witzigen Namen:

Auf Seite 86 der Fibel findet ihr für jede Blume noch

einen zweiten Namen. Schreibt ihn in die Zeile daneben.

Rindsauge    O

Hihi!
Wiesenspinat!

Hasenpappel   K

Wurmkraut   W

Baut aus den Nomen unten sechs verschiedene neue Namen:
Der erste Name hat 2 Silben, der nächste 3 Silben … und so weiter!

WACHS – PAPPEL – NASE – FUCHS – KNOPF – DACHS

FS 86: 1. ■ Tierabbildung anschauen und Tiernamen dazu erlesen; chs innerhalb der Tiernamen blau markieren; Tiernamen mit Artikel in die Schreibzeilen abschreiben; kontrollieren DIFF: ■ Gruppenarbeit (unter Anleitung): Informationen zu einem Tier sammeln; ein Plakat dazu gestalten 2. ■ Partnerarbeit: Blumennamen erlesen, Abbildungen und zweiten Namen auf Fibelseite 86 suchen; passende Namen neben die Fotos schreiben; Partnerkontrolle DIFF: ■ blau gedruckte Aufgabe zusätzlich ausführen (z. B.: Fuchsknopf – Wachspappel – Pappelnase …)

1 V oder v wie in 🏺 ? V oder v wie in 🐦 ?

M Verbinde zuerst die Bilder mit den richtigen Wörtern.

| Vase | Vogel | Klavier | Vampir | Vater | Kurve | vier |

Wie sprichst du das V oder v ? Ordne die Wörter ein:

Vase, K

Vogel, V

2 Neben Verena stehen
vier violette Blumen.
Verenas Flasche
ist voll mit rotem Saft.

Ein Hase hüpft vorbei.
Um Simons Kopf fliegen
viele Mücken herum.

3 Sucht die Wörter mit V oder v in der Wörterliste der Fibel.
Schaut sie euch gut an. Lasst sie euch dann vom Partnerkind diktieren.
Korrigiert gemeinsam.

FS 87: 1. ◼ Begriffe erlesen und mit den passenden Abbildungen verbinden; Begriffe nach Klang des V oder v abhören und in die richtige Zeile abschreiben; kontrollieren
2. ◼ Text erlesen und alle V und v blau markieren (7×); Abbildung nach Textvorgaben ergänzen
3. DIFF: ◼ Partnerarbeit: gemeinsames Arbeiten mit der Wörterliste der Fibel (siehe Aufgabenstellung)

83

(1) Vorsicht! Nicht verwechseln!

M Auf einem Klavier kann man etwas …

○ vor – zeigen

vor _____ .

○ vor – spielen

Ein Geheimnis sollst du niemandem …

○ ver – kaufen

_____ .

○ ver – raten

Bilde eigene Sätze mit **vorsagen** und **verbinden**.
Schreibe sie ins Heft. Lass ein Partnerkind korrigieren.

(2) Ein Rätsel mit V-Wörtern

Dies ist ein Kreuzworträtsel.
Überlegt, warum es so heißt.

M

In diesem Rätsel
gibt es nur große
Buchstaben.

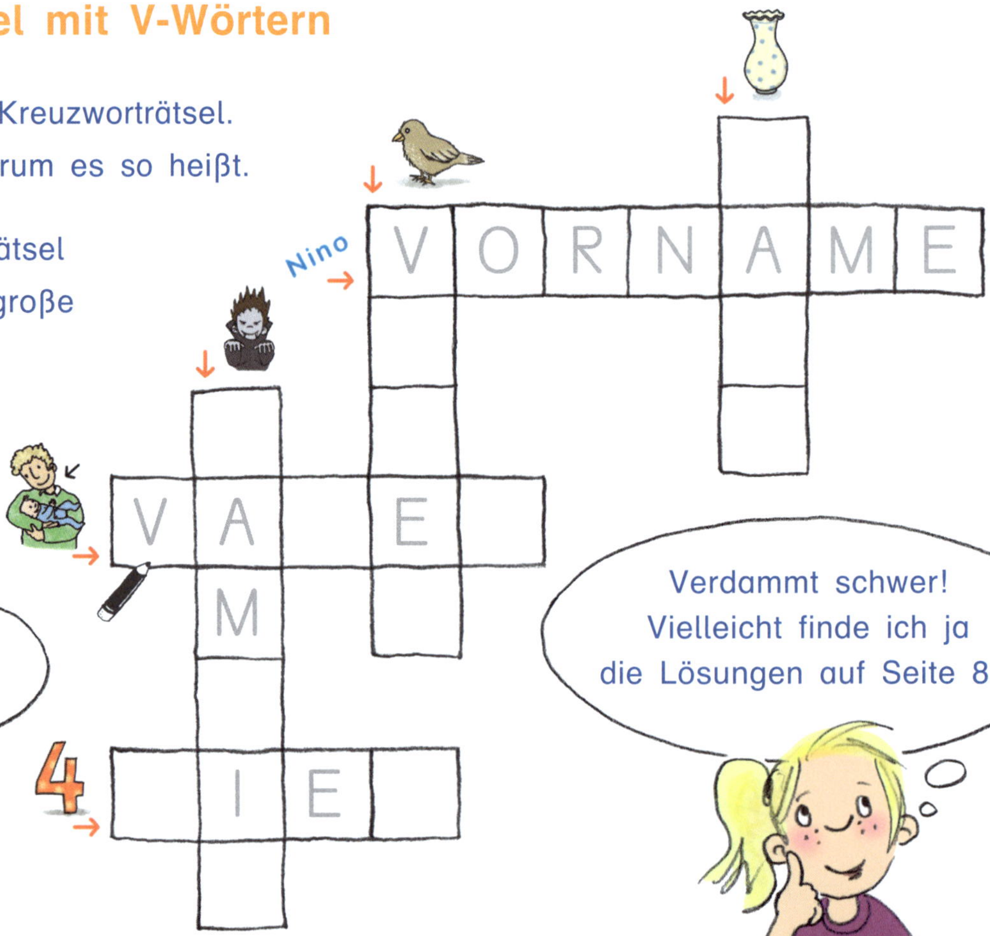

Nino →

V O R N A M E

V A   E
  M
  I E

4 →

Mein Nachname
ist Vielfraß.

Verdammt schwer!
Vielleicht finde ich ja
die Lösungen auf Seite 83.

FS 87: 1. ◼ Satzanfänge und Ergänzungen erlesen; passende Ergänzung ankreuzen und in die Zeile schreiben; kontrollieren
DIFF: ◼ freies Schreiben zur Aufgabenstellung; Partnerkontrolle
2. DIFF: ◼ Partnerarbeit: Austausch über den Begriff „Kreuzworträtsel"; Sprechblasen erlesen; Rätsel nach Bildvorgaben lösen
und Lösungswörter in Großbuchstaben nachspuren bzw. einschreiben

1 Leon freut sich über

seinen neuen Laptop.

Heute schickt er damit

einem Freund

das Foto einer Eule.

Ihre Augen leuchten gelb.

2 Welche Wörter reimen sich?

Schreibe alle Reimpaare untereinander.

heute   treu   Beule   neu   Leute   Eule

heute

L

3

Eu
o   r

l   e
Eu

r   z
K   eu

F
eu
r   e

FS 90/91: 1. ◾ Text erlesen und alle Eu und eu blau markieren (6×); Abbildung nach Textvorgaben ergänzen
2. ◾ Auswahlwörter erlesen und abhören; Reimwörter einander zuordnen und untereinander aufschreiben;
benutzte Begriffe aus der Auswahl streichen 3. ◾ Begriffe sprechschwingen, Einzellaute analysieren und Wörter
schreiben; benutzte Buchstaben nach und nach aus der Auswahl streichen; Silbenbögen setzen

85

① Eure Familien und Freunde sind wichtig

Schreibe unten die passenden Wörter in die Lücken.
Zwei Wörter bleiben übrig.

freuen	~~treue~~	Freunde	heute	heulen	neun

Viele Leute meinen, dass Haustiere <u>treue</u>
Freunde sind.

Wir freuen uns, wenn wir nette _____ haben.

Manchmal müssen wir auch richtig _____ ,
wenn wir uns streiten.

Wenn ein Streit vorbei ist, _____ sich alle.

② Schreibe hier verschiedene Vornamen von

Freundinnen, Freunden oder Menschen aus deiner Familie auf:

_____

_____

③

Suche dir ein Bild von Aufgabe 1 aus.
Denke dir drei Sätze dazu aus. Schreibe sie auf.

FS 90/91: 1. ■ Partnerarbeit: Aufgabenstellung und Auswahlwörter abwechselnd erlesen; dann Lückensätze Satz für Satz erlesen; das passende Auswahlwort aussuchen und einschreiben; benutztes Wort aus der Auswahlliste streichen; kontrollieren 2. ■ Schreiben von Vornamen nach Aufgabenstellung 3. DIFF: ■ freies Schreiben nach Aufgabenstellung

Bank **nk**

① Schreibe alle Reimpaare untereinander.

Schrank   winken   schenken   Bank   denken   trinken

② **Woran Nina und Leon denken sollen**

Morgen kocht Oma für Nina und Leon.
Vorher verteilt Mama Aufgaben.

Kreuze links an (3-mal):
Woran sollen die Kinder wirklich denken?

○ Denkt daran, euch die Hände zu waschen!

○ Trinkt bitte euren Saft nur im Schrank!

○ Vergesst nicht, euch bei Oma zu bedanken!

○ Schaut einfach nur fern, wenn Oma kocht!

○ Als Enkel müsst ihr euch mit Oma zanken!

○ Gebt Jojo auch sein Futter und Wasser!

Schreibt die richtigen Sätze in euer Heft ab.
Denkt auch an die Satzzeichen. Korrigiert gemeinsam.

FS 92: 1. ◾ Auswahlwörter erlesen und alle nk blau markieren; Reimwörter einander zuordnen und untereinander aufschreiben; benutzte Begriffe aus der Auswahl streichen
2. Partnerarbeit: ◾ Erlesen der Aufgabenstellung ◾ abwechselndes Erlesen der Auswahlsätze und Austausch über den Wahrheitsgehalt; richtige Aussagen ankreuzen DIFF: ◾ Abschreiben der richtigen Sätze ins Heft

87

ng Ring

1 Schreibe alle Reimpaare untereinander.

Ring   singen   Zunge   bringen   Junge   Ding

---

2 **Gegen die Langeweile**

Kreuze an, welche Meinung du teilst:

○ Ich spiele am liebsten in der Wohnung.

○ Stundenlang fernsehen finde ich in Ordnung.

○ Mit einem schönen Buch wird mir nie langweilig.

○ Freie Zeit ohne Planung ist auch manchmal toll.

○ Beim Training vergeht die Zeit wie im Flug.

○ Ich verbringe viel Zeit bei den Pferden.

---

3 **Nur für Satz-Akrobaten!**

Lest gemeinsam diesen Wörterschlangensatz. Trennt zuerst die Wörter. Schreibt den Satz dann ins Heft. Worauf müsst ihr achten?

Hastduauchschoneinmalineinerlangenschlangegewartet?

© 2016 Cornelsen Schulverlage GmbH, Berlin

FS 93: 1. ◼ Auswahlwörter erlesen und alle ng blau markieren; Reimwörter einander zuordnen und untereinander aufschreiben; benutzte Begriffe aus der Auswahl streichen   2. ◼ Erlesen der Aufgabenstellung und der Auswahlantworten links; persönliche Meinung ankreuzen   ◼ zusätzliches Bearbeiten der Auswahlantworten rechts   3. DIFF: ◼ Partnerarbeit nach Aufgabenstellung: Satz mit Wortlücken ins Heft abschreiben; auf die Großschreibung der Nomen achten und Satzzeichen setzen; Partnerkontrolle

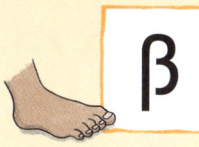

1 Dreimal würfeln

	①		②		③
·	Kinder	·	lieben	·	süßen Pudding.
··	Eltern	··	wünschen sich	··	nur fleißige Kinder.
⠞	Onkel	⠞	haben	⠞	manchmal große Füße.
⠲	Omas	⠲	grüßen	⠲	nette Handwerker.
⠢	Hunde	⠢	beißen	⠢	nie heiße Würstchen.
⠿	Verliebte	⠿	verschenken	⠿	oft weiße Rosen.

 Schreibe zwei oder mehr gewürfelte Sätze in dein Heft ab.
Kontrolliere anschließend Wort für Wort.

2 Welches Wort passt bloß

M neben welches Bild?

Ich heiße Paola und ich weiß es!

1.				2.	
bei	gie	rei	schie		ßen

 bei

 Schreibe zu mindestens einem Wort einen Satz ins Heft.

3

Wie heißt dein Lieblingsberuf? Schreibe etwas dazu.

FS 94: 1. ■ Partner- oder Gruppenarbeit: Satzteile einzeln erlesen; Satzteile würfeln und entstehende Sätze erlesen
DIFF: ■ zwei oder mehr der erwürfelten Sätze ins Heft schreiben und kontrollieren
2. ■ aus den Silben zu den Abbildungen passende Verben bauen und aufschreiben   DIFF: ■ freies Schreiben nach Aufgabenstellung
3. DIFF: ■ freies Schreiben nach Aufgabenstellung

89

1 Das **Y**psilon kann klingen wie:

J j	Ü ü	I i
Yak	Zylinder	Pony

Erforsche, was ein Yak ist.

Schreibe die Wörter von ganz oben in die richtigen Spalten.

2 **Nino schreibt einen Brief nach Italien**

Gibt es Pyramiden nur in Ägypten?

Liebe Tante Elena, lieber Onkel Nevio,

wie geht es euch in Syrakus?
Opa hat uns lange von Italien erzählt.
Aber ich habe noch viele Fragen:

Wann kommt denn euer Baby zur Welt?
Darf ich in den Ferien
wieder auf dem Pony reiten?

Liebe Grüße, euer Nino

Denke dir noch
eine Frage aus,
die Nino stellen könnte:

Schreibe einen Brief an einen Menschen, den du magst.

FS 95: 1. ◼ unterschiedliche Klänge des Y/y abhören; Begriffe aus der Kopfzeile in die richtigen Spalten einschreiben
DIFF: ◼ Nachforschungen über den Yak anstellen
2. ◼ Brief und Denkblase von Nino erlesen; eine weitere Frage ausdenken und aufschreiben DIFF: ◼ einen eigenen Brief frei schreiben

1 Oft wird in der Mehrzahl aus dem au ein äu:

 die Maus

 der Traum

 die Mäuse

 die

der Baum

das Haus

die

die

2 Immer drei Wörter gehören zusammen.
Male diese Wörter mit einer Farbe an.

laufen

der Läufer

er träumt

träumen

der Traum

sie läuft

Mama sagt, ich soll mir das Wort **aufräumen** besonders gut merken!

Schreibt die Wörter einer Wortfamilie auf einen Zettel.
Findet weitere Wörter, die zur Wortfamilie gehören. Schreibt sie dazu.

3 Schreibe in dein Heft:
Welches Geräusch magst du gar nicht?
Begründe auch, warum du es nicht magst.

© 2016 Cornelsen Schulverlage GmbH, Berlin

FS 98: 1. ■ Wörter im Singular erlesen und nachspuren; Pluralform mit äu ableiten und darunterschreiben
2. ■ Wörter aus einer Wortfamilie suchen, jede Wortfamilie mit einer Farbe markieren ■ Ninas Sprechblase zusätzlich erlesen
DIFF: ■ Partnerarbeit nach Anweisung ausführen (z.B.: ich laufe, weglaufen, Laufschuhe – du träumst, geträumt, Alptraum)
3. ■ freies Schreiben nach Fragestellung

91

C c Computer Cent

1

Ein C oder c klingt häufig
wie in Computer:
Comic – Clown – Creme – Camping –
Cowboy – cool.

Manchmal klingt es auch
wie in Cent.

In Italien grüßt man
mit: „Ciao!"
(sprich: tschau)

2 **Das können wir in den Ferien erleben**

Computer   Comic   Cent   Campingplatz

Im Urlaub liest Lara gerne einen ___Co___ .

Simon wohnt auf einem _____ .

Nina schreibt am _____ eine E-Mail
nach Hause.

Nino kennt ein tolles Eis-Café in Syrakus.

Dort kostet eine Eiskugel nur 60 _____ .

Schreibe die vollständigen Sätze ins Heft ab. Kontrolliere.

FS 99: 1. ◼ Sprechblasen erlesen und C/c-Wörter nach ihrem Klang abhören
2. ◼ nur Auswahlwörter mit C/c erlesen ◼ Sätze erlesen; Auswahlwörter erneut erlesen und die Sätze
damit vervollständigen DIFF: ◼ vollständige Sätze ins Heft abschreiben und kontrollieren

1 Comic: Auf dem Campingplatz in Spanien

Schaut euch zuerst die Bilder an. Was passiert hier?
Lest nun auch die Sprechblasen.

Oh, Mist, es fängt an zu regnen!

Iiiii, ist das nass!!!

Los, komm schnell ins Zelt!

Dann lass uns die neue CD von Carlos Cantante hören.

Au ja!

Die ist cool! Dazu kann man gut tanzen!

???

???

???

Juchuuuu!

¿qué pasa?

Spielt ihr Camping-Clowns?

Conny, was ist passiert?

Upps!

Schreibe diese Geschichte mit deinen Worten ins Heft.

© 2016 Cornelsen Schulverlage GmbH, Berlin

FS 99: 1. Partnerarbeit: ◼ Bilderfolge anschauen und dazu erzählen   ◼ Sprechblasen erlesen
DIFF: ◼ freies Schreiben nach Aufgabenstellung

93

Qu qu Qualle  Quadrat  Quirl

1 Markiere zuerst alle Qu oder qu. Lies dann die Wörter:

das Quadrat   der Quatsch   die Quelle

quaken   quer

Schreibe hier Wörter mit Qu oder qu auf:

2 **Aus einem Quizbuch**

Quatsch-Quallen quieken in qualmendem Quark!

???

1. Wie kann ein Kartenspiel heißen?
   ○ Qualle   ○ Quurtett   ○ Quadrat

2. Was ist aus Milch und sehr gesund?
   ○ Qualm   ○ Quirle   ○ Quark

3. Worin kannst du Fische in der Wohnung halten?
   ○ in Quatsch   ○ im Aquarium   ○ in einer Quelle

4. Was tun die Frösche häufig im Schilf?
   ○ sie quasseln   ○ sie quaken   ○ sie quietschen

Wähle ein Nomen mit **Qu** oder **qu** aus. Erkläre, was es bedeutet.

FS 102: 1. ■ Qu und qu blau markieren; Wörter erlesen; einige Wörter nach Wahl abschreiben; kontrollieren
2. ■ Partnerarbeit: Quizfragen und Auswahlantworten erlesen; Lösungen gemeinsam besprechen und ankreuzen
DIFF: ■ Ninos Zungenbrecher (Sprechblase) erlesen   ■ blaue Zusatzaufgabe mündlich oder schriftlich bearbeiten

Xylofon   Hexe   X   x

1   Schreibe die Wörter neben die passenden Bilder:

die Hexe   das Taxi   der Text

mixen   boxen

 b

 m

 die

 der

 d

2

Ich bin echt stolz auf euch!
Ihr habt verflixt fix lesen gelernt!
Wollen wir in der Bücherei nun
ein paar Bücher ausleihen?

Au ja! Ich leih mir
ein Tier-Lexikon aus!
Ciao, Kinder!
Kommt ihr mit?

Ich möchte das Märchen
von der Nixe im Teich lesen!
Und was lest ihr gerne?

Ich leih mir
ein Futter-Lexikon aus!
Tschüss, Kinder!

Ich kann auch
bald lesen!

FS 103: 1. ▪ Auswahlwörter erlesen und neben die passenden Abbildungen schreiben; kontrollieren
2. ▪ Partnerarbeit: abwechselndes Erlesen der Sprechblasen

95

Inhalt